D1723203

Galina Ashley

Grenz – über – Gänge

Biographischer Roman

Trilogie

Buch 1

*Niemand kann dir die Brücke bauen, auf der
gerade du über den Fluss des Lebens schreiten
musst, niemand ausser dir allein.*

*Zwar gibt es zahllose Pfade und Brücken und
Halbgötter, die dich durch den Fluss tragen
wollen: aber nur um den Preis deiner selbst.*

Friedrich Nietzsche

Herstellung:
Books on Demand (Schweiz) GmbH

© Red Nose Publishing 2002
Umschlagbild: Aquarell von Wladimir Sokolov
Umschlag-Gestaltung: Roger Szilagyi
ISBN: 3-8311-2713-1

Vorwort

Das Vergangene wiederholt sich im Gegenwärtigen.
Das Dazwischenliegende enthält die Keime
für das mögliche Zukünftige.
Das Jetzt lässt sich nur in Bewusstseinsmomenten erleben.
Oder in der Kunst.
Das Vergangene ist nie ganz vergangen ...
Es wartet bis es in seiner Bedeutung erkannt und bewältigt ist.
Dann erst löst es sein Versprechen ein,
die Gegenwart zu befruchten.

Das Leben gleicht
einer seltsamen Pflanze
die gepflegt und genährt werden will.
Sonst hast du nur das Existenzminimum.
Das Überleben
ist noch kein Leben
aber es zwingt dich zum Erleben
von Licht und Schatten.
Dazwischen entstehen die Farben.
Ein Übergang setzt die Tiefe voraus
über die du schreitest.
Ein Untergang ist Fall in die Tiefe.
Ein Grenzgang eine Gratwanderung.
Dazwischen liegt das Nichts.
Inzwischen das Zeitlose.

Eine Lebensgeschichte lässt sich nicht chronologisch genau
nacherzählen. Auf der individuellen Erlebnisebene, im Seelischen,
gliedern sich die Ereignisse in andere Zusammenhänge ein,
je nachdem welchen Impact sie hinterlassen haben.
Eine persönliche Geschichte ist und bleibt ... ein Roman!

Galina Ashley

Rechtfertigung

Diese ist eine aus dem Material meiner Erlebnisse zusammengesetzte Geschichte. Dort wo mein Gedächtnis Lücken aufweist oder Recherche in die weiter zurückliegende, familiäre Vergangenheit heute nicht mehr möglich ist, nimmt alles was sich aus persönlichen Lebenserfahrungen erzählen lässt, eine eigene Ausdrucksform an die dem Roman gleicht. Dennoch versuche ich, dem Geist der Geschehnisse in die ich verwickelt wurde gefühlsmässig so nah wie möglich zu kommen, den Horizont um sie herum gedanklich zu erweitern. Bei den wichtigsten Bezugspersonen meiner Kindheit beschreibe ich das Wesenhafte, das, was auf mein kindliches Gemüt gewirkt, und mich geformt hat. Im Grossen und Ganzen schreibe ich über Menschen und das Menschliche. Ich schreibe meine Geschichte ohne Groll gegen Ereignisse die mich meines Heimatlandes, der Sicherheit eines ungestörten Familienlebens, ja, zum Teil, meiner Kindheit beraubt haben. Dies obwohl, rückschauend, vieles für einen solchen Groll Anlass hätte geben können. Ein Groll, der aus der Seele wie aus einem Vulkan aufzusteigen droht, wenn die Welt plötzlich Kopf steht, und wir gepeinigt und aller Sicherheiten beraubt ihr hilflos ausgeliefert sind.

Quellenhinweis:

Die historisch dokumentierten Fakten des Zweiten Weltkrieges, eingebunden in den Inhalt meiner Geschichte, entnahm ich der „Chronik des zweiten Weltkrieges", (©Chronik Verlag in der Verlagsgruppe Bertelsmann, München). In diesem Buch fand ich Bestätigung, Ergänzung und Erweiterung vieler mündlich überlieferten Erzählungen über den Verlauf des Krieges, die ich als junger Mensch, im Kreise der russischen Emigranten mithören durfte. Hier meine Danksagung an den Chronik Verlag für die Erlaubnis aus ihrem ausgezeichneten Nachschlagewerk zu zitieren.
Die 19 Zitate von Antonio Porchia vor den einzelnen Kapiteln dieses Romans stammen aus folgendem Buch: **Antonio Porchia: Voces Nuevas – Neue Stimmen. Aus dem argentinischen Spanisch übersetzt von Tobias Burghardt, Edition 350 im Verlag der Kooperative Dürnau (Oberschwaben), Dürnau 1995.** Mit freundlicher Genehmigung der Edition Delta, Stuttgart.

Das Vergangene

Kapitel 1

Alle sind Leute, doch jeder ist ein Mensch für sich.

Russisches Sprichwort

Ich heisse Galina, oder auch Galya, Galinka, Galijuscha, Galotschka, denn so wurde ich als Kind von meinen Eltern und Grosseltern genannt, und das ist auch das einzige was ich mit Sicherheit weiss. Meine Geburtsanzeige wurde samt anderen Dokumenten während des Krieges vernichtet. Meinen ursprünglichen Familiennamen musste ich eines Tages vergessen ... Als mir ein anderer zugewiesen wurde, dem ich mein Leben verdanke. Geboren bin ich ein paar Jahre vor dem Kriegsausbruch, irgendwo ... im damaligen Sowjetrussland. Mit dieser Vorgeschichte bestehe ich eigentlich nicht echt. Kein besserer Beginn für einen Roman!

Meine Eltern gehörten zu der damals unerwünschten sozialen Klasse. Meinen Grosseltern, die Gutsbesitzer gewesen sind, und die vor der Revolution noch im Stile des *guten, alten Russlands* lebten, wurden alle weltlichen Güter weggenommen. Ihr Leben zerbrach an den Forderungen der neu gegründeten kommunistischen Gesellschaft, zu der sie keinen Zugang finden konnten. Sie lebten mit ihrem Geist und ihrer Seele nicht in der sie umgebenden, laufenden Realität, sie lebten in der Vergangenheit.

Meine Mutter, in einer neuen Epoche geboren, musste durch Umstände gezwungen, sich in zwei Welten zurechtfinden. Zuhause in der altrussischen, auswärts in der kommunistischen Gesellschaft, wo sie später auch beruflich engagiert sein würde. Sie lebte notgedrungen *zwei Leben*, dauernd wechselnd von einem zum anderen. Der Dauerstress, dem sie nicht entfliehen konnte, war für sie vorprogrammiert. Ihre Hochschulperiode war noch vom letzten Rest einer vorrevolutionären Bildungsphilosophie geprägt. Sie bekam eine Allgemeinbildung die später, angesichts der festgelegten Prioritäten des neuen Regimes, als unnötig erachtet wurde. Nach ihrem Schulabschluss studierte Mutter Fremdsprachen. Neben Russisch sprach sie fliessend Deutsch, Englisch und Französisch. Beruflich wurde sie technische Übersetzerin.

Mein Vater war Kunstmaler. Meine Ankunft bedeutete für die jungen Eltern nicht nur lauter Freude. Mutter arbeitete auswärts, hatte eine feste Anstellung. Vaters Einkünfte waren von Aufträgen abhängig. Er malte Portraits und typisch russische Landschaften, die er innig liebte. Vater arbeitete Zuhause, in entspannter, ungezwungener Atmosphäre und vor allem an dem, was ihn auch idealistisch beseelte: seine Kunst. Für kurze Zeit versorgte er das Kleinkind, mich. Abwechslungsweise wurde ich von meinen Grosseltern gehütet. Meine Welt war damals noch in Ordnung. Ich hatte meine Eltern, Oma und Opa, und ich hatte sie alle lieb.

Verschiedene glückliche Erinnerungsmomente melden sich, jetzt, wo ich an das Vergangene zurückdenke. Da war ich mit Papa zu Hause, und schaute ihm fasziniert zu, wie er vor seiner Staffelei stand und an einem Bild arbeitete. Er hatte eine Anzahl Pinsel im Einsatz, die er abwechselnd gebrauchte. Reste von Ölfarbe hafteten noch an ihnen. Ich stibitzte einige davon, verzog mich damit auf den Balkon und bemalte die Balkonwand. Ich weiss nicht mehr ob ich für meine erste, künstlerische Äusserung auf der Balkonwand, im Alter von schätzungsweise vier Jahren, bestraft wurde. Ich vermute, dass Papa amüsiert gelächelt hat, während Mama sich verpflichtet gefühlt hat, ihrem Ehemann *etwas mehr Erziehungskunst* beizubringen ... An einem anderen Tag, an dem das Licht der Sonne unser Wohnzimmer durchflutete, nahm mich Papa auf die Schultern und spazierte mit mir auf den Markt, wo er eine Wassermelone kaufte. Nachhause zurückgekehrt, setzte er mich auf den Küchentisch, schnitt die Melone auf und wir assen das köstliche, süsse Fruchtfleisch, mit unseren Händen! Gut, dass Mama uns dabei nicht sehen konnte, sonst hätte sie sicherlich zur Beanstandung unserer *Essmanieren* einen Grund gehabt.

Vater war jedoch kein ungebildeter Mensch. Er hatte bloss seine schalkhafte Freude an manchen unschuldigen Abweichungen vom *sich-so-gehörigen,* Konventionellen. In ihrer Freizeit bereisten Vater und Mutter die landschaftlichen Gebiete, auf der Suche nach den noch echten, russischen Dörfern, die für Vaters Malerei Modell stehen konnten. Doch sie kehrten immer öfter mit der Feststellung zurück, dass solche Dörfer langsam verschwanden. Auf Nimmerwiedersehen. Die beiden liebten ihre Heimat. Das Verschwinden der echten, russischen Bauernschaft zugunsten der Kolchose hat auch die Art und Weise, wie die Bauern früher mit Liebe ihre Landwirtschaft pflegten, beeinträchtigt. Auf Anordnung von Bürokraten, die am Schreibtisch die Landkarte umgestalteten, wurden kleine Dörfer, die bis anhin selbstversorgend waren, umgesiedelt. Oder mit anderen Dörfern zusammengefügt. An ihren neuen Plätzen konnten die Bauern, die gewaltsam aus ihrer vertrauten Umgebung vertrieben wurden, nicht Fuss fassen. Tragisch genug, viele verfielen dem Alkohol. Die legendäre Liebe des russischen Bauern für die Erde war Geschichte geworden. Den Bürokraten, mit ihren Plänen am Schreibtisch, war diese *Entwicklung* unverständlich. Sie konnten den Zusammenhang zwischen dem Boden, in dem ein Bauer und seine Familie wurzelten, und seinen Leistungen nicht sehen.

An Sonntagen durfte ich zu meinen Eltern ins Bett. Es wurde mit mir gespielt und viel, genüsslich, gelacht. Nichtsdestoweniger begannen sich unheilvolle Wolken über der Ehe meiner Eltern zu versammeln. Nein, sie waren schon früher da, nur hatte ich als Kleinkind, zu der Zeit von Grosseltern gehütet, noch nichts davon gemerkt. Mutter würde viel, viel später darüber berichten. Die Zeit in Polen (worüber später) war ein erneuter Versuch der beiden, wieder zu einander zu finden. Für sie war es ein kurzes Familienglück. Für mich ein ziemlich grosses. Langsam aber sicher entzweiten sich ihre Wege und ein Schatten legte sich auf unser Zusammensein. Ich wurde für immer längere Perioden zu meinen Grosseltern gebracht. Meinen Vater sah ich dann kaum noch. Die Scheidung war im Gange.

Oma war eine vornehme Dame des alten Stils. Gute Manieren und richtiges Sich-benehmen unter verschiedenen Umständen waren für sie wichtige Werte und dementsprechend erzog sie mich. Ihre Erscheinung glich einer Frau aus einem Bilderbuch aus dem alten, zaristischen Russland. Sie war streng aber liebevoll, und ein Mensch, zu dem ich als Kind volles Vertrauen hatte. Sie lehrte mich zum Beispiel, dass ein Mensch, der sich selbst respektiert und von anderen respektiert werden will, aufrichtig sein sollte. Dass Lügen verwerflich sind. Dass es ein höheres Wesen, nämlich Gott gab, den man als *Väterchen* ansprechen konnte. Natürlich belehrte sie mich nicht mit diesen von mir zitierten Worten. Sie belehrte nie. Sie war selbst ein lebendiges Beispiel eines solchen, aufrichtigen, gläubigen Menschen.

Opa war eher eine unkomplizierte, gemütliche Natur. Die beiden wohnten zur Zeit, als ich öfters bei ihnen weilte, in einem *Gartenhäuschen*, bestehend aus zwei Zimmern und einer Küche. (Wo es sich befand, den Namen der Ortschaft, würde ich erst später erfahren). Die Zeit in dem Häuschen und in seiner Umgebung bedeutete die zweite glückliche Periode meiner Kindheit. Das Häuschen musste früher tatsächlich einem Gärtner als Wohnstätte gedient haben. Es stand am Rande eines grossen Gemüse- und Beerengartens. Auf demselben Terrain stand ein grosses, herrschaftliches, weisses Landhaus. Es war evident, dass der Garten dazugehörte. Was zur Zeit meines Verweilens bei Opa und Oma in dem grossen Haus geschah, wusste ich nicht. Es interessierte mich auch nicht. Viel mehr interessierten mich die Beeren, die im Garten reiften. Herrliche Himbeeren, schwarze und rote Johannisbeeren, die Oma zu Konfitüren einer so schmackhaften Qualität verarbeitete, wie ich sie nie mehr gekostet habe. Genüsslich kroch ich unter einen Johannisbeerstrauch, die schwarzen waren meine liebsten, um von unten die reifen Früchte direkt in den Mund zu pflücken. Diesen Geschmack trage ich noch immer in meiner Erinnerung.

Opa bestellte den Gemüsegarten. Ich durfte ihm bei der Arbeit, so zum Beispiel beim Jäten der Beete, helfen. Das tat ich sehr gerne. So führte er mich auf natürliche Weise durch alle Stadien des Pflanzenwachstums das uns mit Nahrung versorgte, hindurch. Unter Opas Einfluss lernte ich Respekt zu haben für das Lebendige der Natur. Was die Pflanzenwelt, die ich im Garten täglich wahrnahm, für uns produzierte, war mehr als nur *Materie*, die eine gewisse Form und Geschmack hatte. Eine Karotte, eine Rande, die man aus der Erde zog, einen Kohl den man erntete, waren für mich beinahe *Wesen*, denen meine kindliche Seele in Ehrfurcht begegnete. Später, als erwachsene junge Frau und Mutter dachte ich oft an den unnachahmlichen, vollen Geschmack von Naturprodukten, frisch gepflückt, noch warm von der Sonne, aus Grossvaters Garten. Und im krassen Gegensatz dazu, der nur wässrige *Geschmack* der heute mit so viel chemischen *Hilfsmitteln* produzierten Früchte und Gemüse.

Während Opa, auf seine gemütliche Art, das Natürliche mit mir und in mir hegte und pflegte, sorgte Oma konsequent für die äussere Form meiner Erziehung. Für das, was sich wohl- und nicht gehörte. Sie lenkte mich zum Erfahren der Werte, die das Menschliche ausmachten. Spontan, wie beim Trinken der Muttermilch, nahm ich dies alles auf. Nicht durch den Kopf, nicht rational, wie eine *Lektion* aufgefasst, aber wohl mit der Seele.

Man lebte unter Stalins Regime. Dies war für Menschen der schon erwähnten vor-revolutionären Gesellschaft ein Horror. Unzählige wurden nach Sibirien deportiert, oder sie verschwanden. Einfach so. In seinem Wüten gegen alles, was im zaristischen Russland Gültigkeit hatte, war Genosse Stalin bestrebt, alles Gewesene auszumerzen. Es wie ein bösartiges Unkraut mit allen Wurzeln aus der russischen Erde zu ziehen. In ihrer lebensbedrohenden Lage hielten sich die Menschen so gut wie nur möglich still und versteckt. *Nur nicht auffallen*, war die Devise. Sie veränderten ihre Namen, ergriffen Arbeiten, die ihren intellektuellen Kapazitäten oder ihren früheren Funktionen nicht mehr entsprachen. Eine Tarnung, die, wenn sie aufflog, den sicheren Tod bedeuten konnte oder, mindestens, eine Einwegreise in den *kühlen* Norden. Bei stalinistisch geschulten Schergen gab es kein Pardon. So wurde auch Opa mehr als einmal abgeholt und zum Verhör in die Quartiere des NKWD (der gefürchtete russische Geheimdienst, man könnte sagen, Stalins Mordkommando) gebracht. Jedes Mal kehrte er aber zu Omas Erleichterung nach Hause zurück. Entweder konnte man gegen ihn nichts finden, oder er war schlau genug, sein *Verbrechen*, irgendwann zu den Gutsbesitzern gehört zu haben, überzeugend zu verbergen. Er lebte auch, wie so viele in der Zeit, mit einem fiktiven Namen und arbeitete (dies war vor seinem Gärtnerberuf), als einfacher Buchhalter.

Von der andauernden Bedrohung, unter welcher meine Grosseltern lebten, merkte ich als Kind nichts. Man achtete darauf, dass ich in einer heilen Umgebung aufwuchs. Man schirmte mich vom Unheilvollen, was ausserhalb unserer Privatsphäre geschah, erfolgreich ab. Der *Gefahr*, als ein verhasstes Mitglied einer ebenfalls verhassten, geschichtlichen Epoche erkannt zu werden, erlag eigentlich Oma. Einmal musste sie zum Zahnarzt, erzählte Mutter. Sie liess ihr Gebiss gründlich behandeln und bezahlte - mit Gold!

Kapitel 2

**Wenn die Sterne untergehen, ist es traurig,
die Augen zu senken, um sie zu sehen!**
Antonio Porchia

*Es regnet, während ich auf Erinnerungsflügeln
die Vergangenheit besuche. Der gleichmässige
Takt der schweren, herunterkommenden
Regentropfen ist entspannend und anregend
zugleich. Ich liebte den Regen schon als Kind.
Hatte ich dies auch meiner Erziehung durch
die Grosseltern zu verdanken, wonach der
Regen nicht sogleich als schlechtes Wetter zu
definieren war? Wie dem auch sei, dieser
Regen, zur Zeit in den Schweizer Bergen, wo
ich mich in Ferien befinde, deckt in mir auf,
was einmal war ... Es ist, als ob er eine
Bildergalerie der vergangenen Zeit für mich
öffnen würde. Nur die exakten Daten fehlen
mir im Moment. Was, wo, wann? Dies werde
ich später nachholen.*

Der mich beschützende Film, den meine Grosseltern um meine
Kindheit gelegt hatten, wurde allmählich dünner und dünner. Die
äussere, bis anhin von mir fern gehaltene Welt, rückte langsam an
mich heran. Plötzlich waren da fremde Menschen um uns herum.
Menschen, die eine andere Sprache sprachen und Uniformen trugen.
Deutsche Offiziere. Sie besetzten eines der Nachbarhäuser, wo sie
ihren Kommandostab errichteten. Es gab dort auch einen
Kommandanten, der in dem Haus wohnte. Die deutschen Offiziere
entdeckten irgendwie, dass Mutter ihre Sprache sprach, und seitdem
musste sie für sie dolmetschen. Nachdem die Sowjets unseren
Familienbesitz konfisziert hatten, besetzten nun die Deutschen die
Häuser, die sie brauchten. So auch das Haus, das nur eine Strassen-

breite vom *Gartenhäuschen* meiner Grosseltern entfernt war. Zu dem Haus gehörte ein Gärtchen in dem Erdbeeren angepflanzt waren.

Das folgende Erlebnis erschütterte mich bis ins Mark. Es katapultierte mich gnadenlos aus meiner beinahe sakralen Welt in die gemeine Welt der Erwachsenen. Eines Tages entdeckte der Kommandant, dass die gereiften Erdbeeren in *seinem* Garten gestohlen waren. Wer hätte es gewesen sein können?! Sein Verdacht fiel auf mich, das Kind aus der direkten Nähe. Er liess meine Mutter zu sich rufen und bestand darauf, dass ihre Tochter für diese Tat sich sofort entschuldigte. Er war ausser sich vor Wut und konnte sich überhaupt nicht beherrschen. Meine Mutter kam nach Hause und erzählte den Fall. Ich protestierte. Ich hätte die Erdbeeren nicht mal gesehen, wüsste nicht mal, dass sie dort wuchsen, geschweige denn, dass ich so etwas wie *stehlen* tun würde. Natürlich wusste meine Mutter, dass ich die Wahrheit sprach, und trotzdem, um des Friedens willen und weil sie aus der Küche der deutschen Offiziere die Reste mitnehmen durfte, (wir hungerten bereits), musste ich mich dieser Erniedrigung unterwerfen und mich entschuldigen. Für etwas, was ich nicht getan hatte! So stand ich dann an der Hand meiner Mutter im Zimmer des Kommandanten, ohne seine Worte zu verstehen. Ohne zu verstehen überhaupt, was jene fremde Menschen in unserem Land zu suchen hatten. Ohne zu wissen, was *Krieg* bedeutete.

Der zweite Weltkrieg hatte Russland inzwischen in Mitleidenschaft gezogen. Es wurde an verschiedenen Fronten gekämpft. Deutschland, anfänglich Russlands Verbündeter, wurde der Feind. Hitler befahl, das Land anzugreifen. Mutig, ohne sich selbst zu schonen (dies muss auch gesagt werden), kämpfte die Rote Armee, um den Angreifer zurückzuschlagen. Inzwischen hungerte die zivile Bevölkerung. Es fehlte überall an Basisnahrungsmitteln. Alle Sicherheiten waren dahin. Unsere kleine Familie bestand zu der Zeit aus beiden Grosseltern, Mutter, geschieden, und mir. Mutter war in dieser Zeit praktisch alleine für die Nahrungsbeschaffung für die Familie verantwortlich. Viel später erfuhr ich, dass Mutter, um unsere Leben zu retten, um eine Arbeitstelle in der Küche der Deutschen ersuchen musste. Gegen den *Lohn in Naturalien.* Nahrungsmitteln, manchmal nichts anderes als Kartoffelschalen. Was bleibt einer jungen Frau zu tun, die ihr Kind und ihre Eltern am Leben zu erhalten versucht? Bei Oma hatten sich infolge Eiweissmangels bereits Oedeme an den Beinen gebildet. Mit dem was Mutter aus der deutschen Küche heimbrachte, konnten wir überleben.

In meiner Erinnerung sind Perioden und Plätze nicht immer in der richtigen Reihenfolge registriert. Irgendwann davor hausten wir in einer Kleinstadt. Unser Wohnraum dort war -- ein Keller! Oma soll darauf mit Entsetzen reagiert haben, erzählte mir Mutter später, als sie ihre Eltern dorthin bringen musste. „Wohin hast du mich gebracht?" fragte sie ihre Tochter. Die Tochter die ihr Äusserstes tat, um unsere Leben zu retten.

Die Belagerung von Leningrad durch die Deutschen (dazu gehörte auch das benachbarte Städtchen, Zárskoje Selo, das heute Puschkin, heisst), wurde in der Fachliteratur zur Genüge dokumentiert. Sie war eine schreckliche Sache. Menschen starben zu Dutzenden, später Hunderte pro Tag, den Hungertod. Sie fielen einfach um auf den Strassen. Mit fortschreitender Zeit wurde die Anzahl der Sterbefälle immer höher. Zum Abtransportieren der Leichen war niemand mehr da. Die Körper blieben einfach liegen. Der Schnee deckte sie zu. Die noch Lebenden versuchten mit allen Mitteln irgendwie ihre Existenz aufrecht zu erhalten. Alle essbaren Haustiere wurden zur Nahrung gebraucht. Gerüchte gingen herum, dass im Verborgenen sogar mit Menschenfleisch gehandelt wurde. Dies konnte weder widerlegt noch bestätigt werden. Das Geld hatte keinen Wert. Man konnte damit nichts kaufen. Viele Menschen wurden obdachlos, weil Häuser zerbombt waren. Sie flüchteten gruppenweise in solche, die noch zur Hälfte oder noch weniger erhalten geblieben waren. Häuser, die der früheren oberen Schicht der Gesellschaft gehörten.

An eines solcher Häuser kann ich mich gut erinnern. Wir lebten in Zárskoje Selo. Den Ortsnamen erfuhr ich später. Für mich als Kind war es einfach eine Stadt. Wir waren eine ganze Gruppe von

Menschen, die dort Schutz suchten. Die Fenster der ziemlich grossen Räume hatten kein Glas mehr. Sie waren mit Decken behangen, um die beissende Kälte des berühmten russischen Winters einigermassen abzuhalten. An Heizung war nicht zu denken. Gegessen wurde aber aus feinstem Porzellan, Besitz der früheren Hausbesitzer. Was wurde gegessen? Zum Beispiel eine Suppe aus Kartoffelschalen! Ich weiss dies so gut, weil mir eines Tages Mutter sagte, ich sollte den Tisch decken, und ich für mich selbst einen kleinen Teller hinstellte. Sehnlichst verlangte ich nach einem Stück Brot. Einmal fragte ich Mutter: „Hast du denn kein Geld, um Brot zu kaufen?" Dies muss Mutter direkt ins Herz geschnitten haben. Geld hatte sie genug, aber Brot war nirgends zu kriegen. Ich wurde in jener kritischen Zeit mit Haferflockenbrei ernährt. Woher Mutter sie hatte, weiss ich nicht. Dann fand sie eine Bauersfrau, die noch eine Kuh hatte. Von ihr bekam sie einen halben Liter Milch pro Tag, für mich.

Es war schon immer eine Tradition in Russland, den Kindern an erster Stelle das Beste an Essen zu geben. Zuerst kam das Kind, und dann der Erwachsene. So hatte ich meinem Kindsein zu verdanken, dass ich die Milch bekam. Eines Tages gingen Mutter und ich mit unserem Kännchen in der Hand die Milch holen. Der Weg führte durch einen Park. An dem Tag lagen Menschen am Boden un rührten sich nicht. „Was tun sie hier?" wollte ich von Mutter wissen. „Ach, nichts, Kindchen, sie schlafen", gab Mutter zu Antwort und zog mich an der Hand, um schneller zu gehen. Die Wahrheit dämmerte mir schon damals, nämlich, dass sie tot waren. Von dem Moment an stellte ich Mutter keine Fragen mehr. Um sie zu schonen. Meine kindliche Unschuld war verloren. Ich nahm alles schweigend in mich auf. Dies wurde mir später zum Verhängnis, aber darüber später.

An der Front, dem Belagerungsring rund um Leningrad, wurde verbissen gekämpft. Die Rotarmisten waren zäh. Nicht bereit, ihre Stadt aufzugeben, waren sie oft heldenhaft in ihrem Kampf.
Den Deutschen machte der russische Winter schwer zu schaffen. Hitler schickte seine Armeen ohne angemessene Winterausrüstung an die Front. Rückzug war ihnen nicht erlaubt. Auch dort nicht, wo es

keine Chancen gab auf irgendwelche Eroberung. Die Soldaten mussten kämpfen. Und sterben. Dies alles ist dokumentiert und ich erzähle nichts neues. Warum erwähne ich es dann überhaupt? Um auf das Absurde einer Kriegführung hinzuweisen, bei der psychischer Wahnsinn einer Person Formen annimmt, die nicht mehr zu beherrschen sind. Die selbstsüchtigen, krankhaften Triebe machen sich selbständig. Sie negieren jede Vernunft, das logische Denken, ja, das Allgemeinmenschliche. Ein solcher Mensch erkrankt in seinem Denken an erster Stelle. In diesem Zustand opfert er gewissenlos seine eigenen Mitmenschen. Die *Roten* hingegen, man kann sie sehen wie man will, waren vom Verteidigungswillen ihrer Heimat ergriffen. Sie waren nicht die Angreifer. Dies gab ihnen Kraft, und, mit der Hilfe des *Väterchens Winter*, ihnen gut bekannt, erreichten sie schlussendlich den Sieg.

Wir lebten erneut (oder noch immer) im Keller. „Morgen müssen wir ganz früh aufstehen, Galotschka", kündigte Mutter eines Tages an. „Wir gehen fort von hier. Darum musst du dich jetzt schön schlafen legen". „Aber meine Puppe und der Bär gehen mit, nicht?", wollte ich wissen. „Ja, ja, natürlich", beruhigte mich meine Mutter. Sie würde sie einpacken und auf meinen Schlitten laden, versprach sie mir. Den durfte ich dann selber ziehen. Opa hatte aus zwei Paar Skiern Schlitten gemacht. Darauf wurden unsere Sachen geladen. Für mich stand mein eigener kleiner Schlitten bereit, auf dem ich zwei meiner Lieblings-sachen mitnehmen durfte. Dies waren eine wunderschöne Puppe mit einem Porzellankopf und ein Teddybär.

Am nächsten Morgen, es war noch stockfinster, weckte man mich, und nach dem obligatorischen Haferbrei wurde ich extra warm angezogen. Dann gingen wir wie die Diebe in der Nacht nach draussen. Opa und Mutter zogen die grösseren Schlitten, ich zog den meinen auf dem, festgebunden an den Sitz, ein Paket lag. Nach stundenlangem Gehen waren wir in der offenen Winterlandschaft angekommen. Felder, die grenzenlos zu sein schienen. Und wir waren nicht die einzigen auf der Strecke. Andere Menschen marschierten vor oder hinter uns. Wir bewegten uns durch die landwirtschaftliche Zone.

Vereinzelt standen dort Bauernhäuser, manchmal auch in Gruppen, also kleine Dörfer. Nach weiteren Stunden bravem Marschieren war ich sehr müde geworden. „Setz dich auf deinen Schlitten", sagte Mutter, „ich ziehe dich". Dies brauchte ich nicht zweimal gesagt zu bekommen. Ich setzte mich ... auf das Paket! Mutter hatte nun zwei Schlitten zu ziehen.

Als später das Paket, in dem meine Puppe und mein Teddybär sich befinden sollten geöffnet wurde, lag nur die Puppe darin. Mit zerbrochenem Kopf. Der Bär fehlte. Mutter hatte offensichtlich eine Wahl zugunsten der Puppe getroffen und den Bär zurückgelassen. Als ich mich erschöpft auf meinen Schlitten setzte, hatte ich den Kopf meiner Puppe zerbrochen. Mehr noch als die Puppe fehlte mir seitdem *Mischka,* mein Teddybär ...

Der kurze Wintertag neigte sich zu Ende. Es wurde rasch dunkel. Die russische Winternacht begann schon am frühen Vormittag. Wo würden wir eine Unterkunft für die Nacht finden können ...? Mir fielen inzwischen vor Schlafbedürfnis die Augen zu. Das Gehen wurde auch für die drei Erwachsenen immer mühsamer. Für Oma zur Qual. Und dann geschah das Wunder! Wir waren gerade dabei, ein am Wegrand stehendes Bauernhaus zu passieren, als die Bäuerin vor die Tür trat und uns zuwinkte. „Kommt!" rief sie, „das Haus ist zwar voll, aber auf dem Boden ist noch Platz".

Es war wie wenn der liebe Gott uns zugewinkt hätte. Und niemals mehr war ein sauber geschrubbter Holzfussboden ein solch wunderbares Bett. Man bettete mich als erste auf mitgebrachte Wolldecken und ich war sofort eingeschlafen.

Kapitel 3

Und wenn es kein Extrem ohne das andere Extrem geben kann: Wie könnte es eine Hölle ohne Paradies geben?

Antonio Porchia

Was braucht der Mensch, um sich in geistig-sittlicher Hinsicht zu verfeinern? Was muss geschehen, damit es irgendwann anders wird auf dieser Welt? Menschlicher, fruchtbarer, verantwortungsvoller, liebevoller einander gegenüber? Dies aber nicht auf frivoler Sentimentalität, Wunschdenken oder Reaktion aufgebaut. Ich befürchte, dass die Antworten auf diese Fragen nicht leicht zu finden sind. Meine eigene Hypothese dämmert mir zwar zwischen den Zeilen die ich schreibe, hinter den Gedanken die ich denke ... aber sie ist noch nicht in Worte zu fassen. Vielleicht kristallisiert sie sich gegen Ende meiner Schreibarbeit an diesem Buche, und sei es nur als Anlass für weiteres Denken.

Es gibt sie in allen Völkern in allen Lebenslagen, auch im Krieg: edle, hilfsbereite, warmherzige Menschen. So wie es ebenfalls das Gegenteil davon gibt, gemeine, unmenschlich veranlagte Naturen. Kein Volk kann sich des *Vorrechtes* rühmen, *bessere Menschen* zu produzieren. Doch jede Volksgemeinschaft tut es, im grösseren oder kleinerem Ausmass. Man siehe nur die Konflikte in den heutigen (anno 2002) Kriegsgebieten. Nach jahrhundertelangen *Schicksalsschlägen und Lektionen* scheint der Teil der gegenwärtigen menschlichen Gesellschaft, die für das Ausbrechen der Kriege verantwortlich ist, aus der Geschichte nichts gelernt zu haben. Nichts gelernt haben zu wollen. Noch immer wüten in denjenigen unter uns, die unter *Hitler-Nachfolgern* eingeordnet werden könnten, Triebe primitivster Natur. Man denke selbst an die Namen derer, die in der jüngsten Vergangenheit Greueltaten verrichtet oder erlaubt haben, wie wir sie uns mit Abscheu schlimmer nicht ausdenken können. Taten, die direkt anknüpfen an das die Menschenwürde total verachtende Handeln der Hitler-Handlanger.

Kaum war die Gefahr, die von den deutschen Angreifern aus dem belagerten Leningrad ausging durch deren Rückzug gewichen, setzte der *Landesvater* Stalin und sein Stab ihre *Säuberungsmission* fort. Der Zeitpunkt für unsere Flucht war angebrochen. Grossmutter soll zu Mutter gesagt haben: „Fliehe, rette dich selbst und Galjuschka!" Mutter wollte es so nicht haben und gab erst dann nach, als Oma sich einverstanden erklärte, später nachgeholt zu werden. Dies konnte tragischerweise nie realisiert werden. Später hörte Mutter von Menschen denen nach uns die Flucht gelang, dass ihre Eltern kaltblütig ermordet wurden, nachdem bekannt geworden war, dass sie, die Tochter, mit ihrem Kind geflohen war. Leider war es nicht möglich, diese Information zu überprüfen. Über diesen Schmerz konnte Mutter ihr Leben lang nicht hinwegkommen.

Zwei ältere Menschen zu ermorden, aus Rache, weil ihre Tochter die unsichere Sicherheit eines ihr unbekannten Auslandes dem *kommunalen, kommunistischen Paradies* vorzog, hatte weder Sinn noch Zweck. Solches Tun bestätigte nur die Gemütskrankheit jenes *Landesvaters* und die seine Befehle fraglos ausführender *Kinder*. Diesen Menschen schien das Gewissen, der gesunde Menschen-verstand und das Verantwortungsgefühl für die eigenen Taten fremd zu sein. Trotzdem, man verzeihe ihnen, denn sie wussten nicht was sie taten. Über die (höchstwahrscheinliche) Ermordung meiner Gross-eltern, ihrer Eltern, erzählte mir Mutter viel später, als ich schon erwachsen war. Die Information erschütterte mich zutiefst. Und fragende Bilder stiegen in mir auf: Ob man Opa und Oma überhaupt begraben hatte? Und wenn ja, wo? Worte eines russischen Liedes, nur ein Fragment davon, das in meinem Gedächtnis geblieben ist, gingen

mir immer wieder durch den Kopf und trieben mir Tränen in die
Augen:

> *... und niemand wird jemals erfahren, wo mein*
> *Grab liegt ... nur am Frühlingsanfang wird*
> *eine Lerche, hoch oben in der Luft, darüber*
> *ein Lied singen ...*

So haben weder Mutter noch ich je erfahren ob es überhaupt ein Grab
für die alten, unschuldigen Menschen gegeben hat. Bis heute kenne
ich weder ihre richtigen noch ihre Tarnnamen. Der direkte Anschluss
an meine ursprüngliche Familie wurde mir abgeschnitten. Unfähig,
ihren Schmerz, möglicherweise auch ihre Schuldgefühle zu überwinden, sprach Mutter nicht über diesen Teil der Vergangenheit. Als
politische Flüchtlinge, die wir alle waren, wurden wir natürlich als
Verräter gesehen, und Verrätern drohte, wenn vom Fahndungsmilitär
erwischt, der sichere Tod. Was mit mir, dem Kind, geschehen würde,
wenn wir unglücklicherweise in die Netze eines solchen Trupps
gefallen wären? Wahrscheinlich käme ich in ein kommunistisches
Erziehungsheim, um zu einer *guten Genossin* des Systems erzogen,
sprich *gehirngewaschen* zu werden. Dies, wenn ich Glück hätte. Sonst
wäre mein Leben vielleicht auch früh geendet.

Dieser Gefahr bewusst verbrannte Mutter alle unsere Dokumente, die
unsere Geburtsdaten, Namen, den letzten Wohnort, Mutters letzte
Arbeitstelle, Beruf, usw. enthüllen konnten. Von einem Moment auf
den anderen waren wir *Niemande*, die das *Niemandsland*, ein für uns
noch unbekanntes Land wo man uns hoffentlich Asyl gewähren
würde, zu erreichen versuchten. Unterdessen begann man in
Leningrad die Stadt von den Leichen zu säubern, die noch immer auf
den Strassen lagen. Bei der eintretenden Schneeschmelze und
steigenden Frühlingstemperaturen stellten sie eine reale Epidemie-
gefahr dar. Hatte Mutter vielleicht auch Schuldgefühle, ihr Land zu
dem Zeitpunkt zu verlassen wo sie hätte mithelfen sollen, das Leben
in *ihrer* Stadt wiederherzustellen? In Leningrad, erzählte sie, hatte sie
als junges Mädchen einen Teil ihrer Schulzeit und die glücklichste

Periode ihres Lebens verbracht. Innig liebte sie die Stadt und ihre Umgebung. Mit viel Heimweh erzählte sie von ihrem täglichen Schulweg durch die wunderschönen Parkanlagen und durch Strassen, die heute zu den obligatorischen Touristenwegen gehören.

Es ist ein bekanntes Phänomen, dass ausgerechnet besonders schwierige Notlagen Menschen zusammenbringen. Für die Dauer der gemeinsamen Suche nach Lösungen der bestehenden Probleme wird kleinkariertes Denken und Spiessbürgerlichkeit jeglicher Art abgelegt. Es ist, wie wenn der Mensch vorübergehend über sich selbst hinauswächst, ein edlerer, altruistischer Mensch wird, um im Interesse einer gemeinnützigen Sache arbeiten zu können. Nicht auszuschliessen ist auch das Gegenteil davon: Menschen, die ausgerechnet aus den Notlagen, die Gemeinschaft betreffend, ihren eigenen Profit herauszuholen versuchen, und derer Selbstsucht sie über Leichen gehen lässt, um ihre Ziele zu erreichen. Welche der beiden Tendenzen in einem konkreten Fall dominieren wird, scheint davon abzuhängen, was der Mensch sozusagen von Geburt an mit sich bringt. Qualitäten einer höheren, geistigen Natur. Man hat sie oder man hat sie nicht. Und wer sie nicht hat, dem ist es leicht, eine menschenverachtende Gesinnung zu entwickeln.

Nirgends besser als im Krieg begegnet man beiden Aspekten der menschlichen Natur. Das Beste und das Schlechteste nebeneinander wird im gleichen Masse herausgefordert. Nirgends besser als im Krieg hat der Mensch die Chance, die bösartig wirkenden Tendenzen seiner Natur zu überwinden und *Evolution zu üben*. Das hiesse u.a., aus innerer Freiheit heraus handeln zu lernen, anstatt automatisch, nach dem Willen eines anderen oder unter Druck der eigenen, ungezähmten Triebe. Warum werden Kriege vom angeblich uns Menschen liebenden Gott nicht verhindert? Diese Frage wird von vielen, an die Existenz eines solchen Gottes zweifelnden Menschen gestellt. Vielleicht deswegen, weil es im Krieg um mehr geht, als bloss Sieg oder Verlust. Vielleicht, weil das grausame Kriegsgeschehen es auch in sich hat den Menschen zur Besinnung zu bringen, einen weiteren Schritt in Richtung *Menschwerdung* zu gehen. Vielleicht weil dadurch die allgemeine Menschheitsentwicklung erhofft wird. Von dem die Menschen tatsächlich liebenden Gott. Wenn man dies als möglich halten würde ...

Der geschichtliche Lernprozess, der uns weiser machen könnte, geschieht bedauerlicherweise nicht. Vielleicht, weil die Wucht der jahrtausendalten, unbeherrschten Instinkte und emotionalen Ladungen der modernen Menschen stärker ist als die Kraft der verhältnismässig jungen *Sich-selbst-erkennungsfähigkeit* und des Bewusstseins. Der Mensch als Individuum, (das Unteilbare), als Einzelwesen, in seiner jeweiligen Besonderheit, kein Mitglied eines Kollektivs, muss sich entwickeln wollen. Dann erwacht sein tiefer liegendes, höheres Potential, und so wächst der Mensch - nicht nur vorübergehend - über sein kleines, profanes Selbst hinaus.

Ein Mensch erschien wie ein rettender Engel, irgendwann zu Beginn unseres Fluchtweges. Er war ein deutscher Offizier, der sich uns aber nicht in der Gestalt des Feindes präsentierte. Seine Menschlichkeit kennzeichnete seine Erscheinung. Mit Hilfe jenes Mannes wurde es uns möglich, nach vielen Umwegen dem auf unseren Fersen mitlaufenden Tod zu entkommen und einen sicheren Hafen zu erreichen, aus dem die Reise ins Exil weitergehen konnte.

Eine wichtige Frage muss jedoch zuvor gestellt und beantwortet werden: Wieso wollte oder musste Mutter ihre Heimat verlassen? Warum nahm sie es in Kauf, sich selbst und mich allen Gefahren zu exponieren, die in diesem *Unternehmen, Flucht,* auf uns lauerten? Die Gründe dafür waren sicherlich nicht materieller, oberflächlicher Natur. Mit Entbehrungen umzugehen war sie, wie viele andere, gewohnt. Mutters Motiv, die Heimat hinter sich zu lassen, konnte nicht lediglich der Wunsch nach einem komfortableren, leichteren Leben in einem fremden Land sein. Es fehlen mir zu diesem Punkt weitere, nähere Informationen. Dieser Lebensabschnitt gehört zu denjenigen, die heute nicht mehr nachforschbar sind. Ich beschränke mich in diesem Abschnitt auf Vermutungen. Irgendwann arbeitete Mutter als Sekretärin in einer Abteilung des sowjetischen Geheimdienstes. Dies erwähnte sie nur einmal, ohne in Details zu gehen. Daraus kann man folgende Schlüsse ziehen: Erstens, dass sie aufgrund ihrer multiplen Sprachkenntnisse für diesen Job rekrutiert wurde. Kein Mensch hätte sich damals für eine solche Stelle auf *normalen Weg* der Arbeitsuche bewerben können. Zweitens war unter damaligen Umständen ein *Nein* zu einer solchen Einberufung eine total unmögliche Sache. Ob willens oder nicht musste die Arbeitstelle angetreten und das Arbeitspensum erfüllt werden.

Ich kann mir heute gut vorstellen, dass Mutter zu Beginn ihrer Berufsarbeit als technische Übersetzerin in einer Fabrik ihre äussere Welt, obwohl jene Welt kommunistisch geprägt war, nicht hasste. Schliesslich war sie auch ein Kind ihrer Zeit. Durch das, was sie später, im Geheimwesen des Dienstes vielleicht zu lesen und zu hören bekam, könnte sie derartig schockiert geworden sein, dass sie nichts anderes als weg wollte. Aus der Höhle der Löwen, wo Menschen zerfleischt wurden. Sie wusste ja auch von den Verhören, die Opa zu seiner Zeit über sich hat ergehen lassen müssen. Aber weggehen, die Stelle einfach kündigen, ging eben nicht, wäre drüben undenkbar gewesen. Sie war gefangen in einer Falle, aus der es keinen Ausweg gab. Und sie hatte ihre Prinzipien, nach denen sie, aufgrund ihrer *anderen* Bildung und Erziehung durch ihre Eltern, zwar unsichtbar für die anderen, aber überzeugt in ihrer Seele, lebte. Die Gewissensfrage (so stelle ich es mir vor) meldete sich:

Willst du dir selbst treu bleiben, oder deine persönliche Integrität von Machenschaften antasten lassen, die du verabscheust?

Die einzige Möglichkeit sich selbst die Treue zu halten und, wenn sie Glück hatte, am Leben zu bleiben, war die Flucht.

Kapitel 4

**Die Dinge führen zu anderen. Sie sind wie
Wege, und sie sind wie Wege, die nur zu
anderen Wegen führen.**

Antonio Porchia

Nur fragmentarisch *sehe* ich Stationen, und die Art und Weise wie wir uns transportierten. Die erste Station an der wir einen Halt machen konnten nachdem wir die russische Grenze überquert hatten, war eine Ortschaft in Finnland. Die Transportmittel, bis wir dort ankamen, waren die eigenen Beine und Bauernkarren, wenn sie uns eine Strecke mitnahmen. In Finnland, damals von Deutschen besetzt, bekamen wir von ihnen Hilfe. Man nahm uns öfters in Militärfrachtautos und Personenwagen jeweils ein Stück des Weges Richtung Westen mit. Wir waren nicht allein. Viele Menschen befanden sich auf dem Fluchtweg. Einmal durfte Mutter, mit mir auf dem Schoss, in einem Personenwagen mitfahren. Auf einer Strecke an der noch immer Kämpfe stattfanden, wurde das Fahrzeug von einem Granatsplitter getroffen. Das Glas der Frontscheibe zerbrach. Mutter wurde an der Wange verwundet. Ihr Blut floss auf mich herunter. Ihren eigenen Schmerz fühlte sie nicht. Dann sah sie auf mich, mit Blut bedeckt und dachte ich wäre getroffen! Es dauerte, bis sie merkte, wie das Blut aus ihrer Wunde floss. Beim nächsten deutschen Posten angekommen wurde sie verarzt. Diese Narbe trug sie lebenslang auf der Wange.

Über die genaue Art und Weise wie wir eine Stadt in Polen erreichten, kann ich keinen Bericht erstatten. In meiner kindlichen Erinnerung sind Bilder von Reisen in Frachtzugwaggons, in welchen wir auf Strohballen geschlafen haben, von grünbraunen Militärtransport-Fahrzeugen, auf die wir von Zeit zu Zeit schnell klettern durften, um eine Strecke mitzufahren, gespeichert. Ich erinnere mich an Hände die mich auf das Fahrzeug hinauf zogen, danach Mutter mit ihrem

Handgepäck beim Hinaufklettern halfen. Sporadisch sausten noch immer Schüsse um uns herum.

Bekanntlich relativiert sich die krasse Differenz zwischen verfeindeten Parteien, zwischen sogenannten *Unsrigen* und den *Fremden*, bzw. *Feinden*, auf Strecken wo es ohne Gefahr nirgendshin geht. Dort erwacht, oder hat wenigstens die Chance zu erwachen, das rein Menschliche. Jenes mysteriöse Etwas, das an keine Nation, an keine bestimmte Abstammung, an keine historische Epoche gebunden ist. Jener Teil der menschlichen Wesenheit, der universell und zeitlos ist. Vielleicht könnte man es wagen zu sagen: Jener Teil, der kosmisch ist.

In jener polnischen Stadt hatte Mutter Bekannte, die wir aufsuchten. Nach dem Schlafen auf Stroh, welch ein Genuss, in ein richtiges Bett, in saubere Bettwäsche mich hinlegen zu dürfen! Wir wurden für einige Tage von der befreundeten Familie aufgenommen, die dort ein Appartement bewohnte. Am Fenster stehend, aus dem zweiten oder dritten Stockwerk auf die Strasse guckend, wurde ich dort Zeuge einer Szene die mich bis ins Mark erschütterte: Ich sah ... wie Juden abtransportiert wurden. Dass es Juden waren, wusste ich natürlich zur Zeit nicht. Für mich waren es Menschen, die auf Frachtwagen geladen wurden, an denen, von einer Seite zur anderen, Latten angebracht waren. Unterhalb der Kopfhöhe eines normal sitzenden Menschen. Die Juden mussten so Platz nehmen, dass ihre Köpfe unter die Latten kamen, die Latte also auf ihre Nacken drückte. So konnten sie den Kopf nicht hochheben. *Warum tat man so etwas Menschen an?* fragte mein Kinderherz. *Was geschah da eigentlich?* Ich habe keine Fragen gestellt, obwohl ich das Tragische und, noch schlimmer, das Gemeine, das dahinter lag, irgendwie spürte. In mir zurück blieb nur die Ahnungslosigkeit und das Schweigen.

Das nächste Erinnerungsbild ist eine Reise, diesmal im Personenzug, grösstenteils gefüllt mit Flüchtlingen wie wir. Ich sass am Fenster und schaute hinaus auf die goldgelben Stoppelfelder entlang der Eisenbahnlinie. Dahinter waren Häuser zu sehen. Also Dörfer. Plötzlich stoppte der Zug mitten auf der Strecke. Es war sehr heiss. Uns fehlte

Trinkwasser. Im nächsten Moment sah ich zwei Buben barfuss über das Stoppelfeld laufen, mit einem Eimer Wasser zwischen sich. Sie beeilten sich, um an den Zug zu kommen, wie wenn sie wüssten, was dort die Menschen nötig hatten. Dann waren sie da, stellten den Eimer ab und ... oh Schreck für meine junge Seele! Ein Mann mittleren Alters korpulent, schob unter Gebrauch seiner Ellenbogen die Menschen beiseite, die sich bereit machten nach aussen zu treten, um sich etwas vom Wasser zu nehmen. Zügig sprang er aus dem Zug und nahm den Eimer für sich in Anspruch, indem er mehrere Behälter ins Wasser tauchte und vollsaugen liess. Ja. Solche Leute gab es auch. Der Schock hat mich noch lange Zeit danach bedrückt.

Ich vermute, dass die Zwiespältigkeit der menschlichen Natur sich mir schon damals offenbarte. Ich wurde verfrüht aus dem Zustand der natürlichen, kindlichen Naivität gelöst, dank welcher man geneigt ist nur das Gute und Schöne in seinen Mitmenschen zu sehen und zu suchen. Alles andere wird dann, aus eigenem Schutzbedürfnis vor dem *Bösen*, nach irgendwo anders deportiert, auf andere Menschen projiziert. Zuletzt auch dem *Teufel* angehaftet. Diese Strategie hat sich seit dem Beginn der Menschheitsgeschichte nicht verändert. Das Unerwünschte wird immer ausserhalb der eigenen *Seelengrenzen* deponiert. Wie Abfall, mit dem man nicht das Geringste zu tun hat. Für den man nicht die mindeste, persönliche Verantwortung zu tragen braucht. Eine wesentliche Erfahrung meiner frühesten Kindheit scheint die Konfrontation mit beidem, dem Guten und dem Schlechten im Menschen, gewesen zu sein. Dies war eine *Investition* für eine viel spätere Zeit, wie sich erweisen sollte.

Zum Thema Wasser steigt aus dem Speicher meines Gedächtnisses noch ein Bild hinauf. Auf einer kleinen Station der Eisenbahnlinie, an der unser Zug einen längeren Halt machte, entdeckte Mutter neben den Gleisen eine Wasserleitung, wie sie für den Unterhalt der Züge gebraucht wird. Prompt liess sie uns aussteigen, und den Wasserstrahl gebrauchen, um uns zu waschen. Wenigstens das Gesicht, die Hände, den Hals und die Füsse. Hygiene war für Mutter sehr wichtig. Nicht nur die körperliche, aber dies würde ich erst viel später verstehen. Die nächste Reihe von Erinnerungsbildern umfasst unser Hausen in halb zerborsten Gebäuden in irgendwelchen Städten. Wir Kinder hatten dabei grossen Spass und Freude an den Ausgrabungen von allerlei Schätzen aus den Trümmern. In einem grossen Trümmerhaufen, ganz in der Nähe unserer Notunterkunft, muss ein Laden gewesen sein. Wir gruben allerlei interessante Sachen aus: Farbiges Stickgarn, verschiedener Handarbeitsbedarf, kleine Geschenkartikel und Spielsachen. Es war für uns Kinder eine wunderbare, abenteuerlustige Zeit! Eigenes Spielzeug hatten wir ja keines und unser *Zuhause* war eine noch ganz gebliebene Ecke eines Hauses. Ob wir darunter litten? Eigentlich nicht. In dem Alter zwischen sieben und zehn nahmen wir noch alles so hin wie es war, und das Spiel auf dem *Abenteuerplatz*, die gefundenen Schätze, kompensierten vollkommen das fehlende, konventionelle Zuhause.

Aus der halb zerstörten Stadt, wo immer sie auch gewesen sein mag, zogen wir, wie Zigeuner, nach einer Zeit die ich nicht mehr präzisieren kann, weiter. Der nächste Aufenthaltsort war eine kleinere Ortschaft, in Deutschland. Dort begegnete Mutter dem Mann, mit dem sie in ihre zweite Ehe treten würde. Er war ein Russe, Kavalier alter Schule, der noch dem letzten russischen Zar gedient hat, und ihm mit Herz und Seele ergeben war. Der grausame Mord durch die Roten an der Zarenfamilie, machte aus ihm einen lebenslangen Kämpfer gegen sie und einen verbitterten Antikommunisten. Er war kurz vor dem Ende des letzten Jahrhunderts geboren und diente schon als sehr junger Mann in einem Regiment der Zarenarmee, eine Eliteeinheit der Kavallerie. Dies verschaffte ihm Zugang zu der Zarenfamilie, und es klang wie ein Märchen als er erzählte, wie er ab und zu eingeladen wurde, um mit dem Thronfolger, dem an Hämophilie erkrankten Alexeij, zu spielen. Zum Beweis zeigte er ein Photo, auf dem beide abgebildet waren. Nach der Ermordung des Zaren war für ihn das Leben in Russland abgelaufen. Er setzte sich ab nach Jugoslawien, wohin seine Eltern schon nach dem ersten Weltkrieg ausgewandert waren. Das zivile Leben war jedoch nichts für ihn. Vom Beruf und Berufung gehörte er zum Militär. So nahm er bei der nächsten Gelegenheit den Kampf gegen die Kommunisten auf. Diese

Gelegenheit präsentierte sich in Form einer *Freiwilligen Russischen Armee*, zusammengesetzt aus *weissen* Russen, Soldaten und Offizieren der ehemaligen zaristischen Armeen. Diese Menschen hatten sich zum Ziel gesetzt, ihr Heimatland von den *roten Henkern* zu befreien, Sie suchten die Gelegenheit, ihnen an vorderster Front zu begegnen. Diese Gelegenheit boten ihnen schlussendlich die Deutschen. Die *Freiwillige Russische Armee* kämpfte zwar an der Seite der deutschen Wehrmacht, aber für ihre eigenen, anti-kommunistischen Ziele. Dramatisch und unerbittlich, auf Leben und Tod, müssen die Kämpfe gewesen sein, dort wo die *Weissen* und die *Roten* sich begegneten. Mein zukünftiger Stiefvater hat sich durch seine Bravourleistungen mehrmals hervorgehoben. Er bekam dafür verschiedene Orden, darunter das Eiserne Kreuz. Die *Roten* dagegen hatten einen Preis auf seinen Kopf gesetzt. Lebend oder tot wollten sie ihn haben, aus der Reihe der gegen sie Kämpfenden herausgeholt wissen.

Merkwürdig doch, wie die verschiedenen Interessen und Ziele im Krieg miteinander kollidieren, und für alle involvierten Seiten eine klare Sicht auf die Geschichte, die gemeinsam geschrieben wird, verunmöglichen. Wie viel wertvolles Menschenleben ging überall dort verloren, wo für einseitige Ideale gefochten wurde ... Dort, wo der Kopf im Rausch für nur die eine Idee Übersicht über das Ganze verlor. Mancher Mensch reduziert sich in solchen Fällen selbst auf nur *einen halben* oder noch weniger, auf einen *Viertelmenschen* ... Heutzutage werden wir auf Schritt und Tritt mit Menschen konfrontiert, die *Halb- oder Viertelmenschen* geworden sind. Ihre Augen verlieren den Sinn für Schönheit, ihre Ohren für die Klänge in der Natur. Ihre Gaumen verlieren den Geschmackssinn für die Qualität der noch echten Naturprodukte. Wenn jedoch die Sinne schon zum grössten Teil in der Kindheit atrophiert sind, wenn die Kinder nichts anderes kennen, muss man sich wundern, dass sie später, (wobei *später* immer früher kommt) im Jugendalter, den Genuss woanders suchen? In Drogen, sexuellen und anderen Exzessen, als Erwachsene in unbeschränktem Konsum?

Nein, zum Moralisieren ist hier nicht der Ort. Vielleicht ist kein Ort mehr dazu geeignet. Die Zeit des Strafvollzuges, um die Menschen zu belehren, ist endgültig vorbei. Die Geschichte zeigt uns, dass daraus nichts gelernt wurde und sich nichts *gebessert* hat. Im Gegenteil. Die noch nie im heutigen Masse dagewesene Gewalt unter Kindern und Jugendlichen ist ein Phänomen, dem die Erwachsenen hilflos gegenüber stehen. Ein amerikanischer Schulleiter *(H.B. Bell)* behauptete:

> *Wir sind für die Kinder schon lange keine Vorbilder mehr.*
> *Viele Jugendliche haben keine Selbstdisziplin, sie wollen ihre*
> *Auseinandersetzungen mit Gewalt lösen ... Und warum?*
> *Weil auch die Erwachsenen keine Selbstdisziplin mehr haben.*
> *Viele Politiker reagieren auf Gewalttaten mit der Forderung nach mehr*
> *Gefängnissen, mehr Polizisten und härteren Strafen.*
> *Man kann nicht alle einsperren. Wir müssen uns selbst bessern ...*
> *Wenn nicht, dann bleiben die Schulhäuser weiterhin Kriegszonen.*
> *Und sind wir alle daran beteiligt.*
> (Auszug aus einem Interview in einer Schweizer Tageszeitung, Juni '98):

Mein damals noch zukünftiger Stiefvater wusste noch, welchem höchsten Befehlshaber er damals seine Treue versprochen hatte. Treue bis in den Tod, die er auch eingehalten hat. Der letzte Zar von Russland war für ihn diese Autorität, und anscheinend kannte er ihn durch seine Nähe zu ihm besser als das gemeine Volk. Meine Mutter und dieser Mann fanden scheinbar die gemeinsame Wellenlänge und beschlossen, bei der nächsten *guten Gelegenheit* zu heiraten. Unterdessen lebten wir als eine kleine Familie, mit mir als seine Tochter. Mir wurde eines Tages gesagt, wie ich ab dem Moment zu heissen hatte. Wie ich früher hiess, musste ich vergessen, und so wurde ich jeden Tag *dressiert*, um meines zukünftigen Stiefvaters Namen auszusprechen, und sollte ich gefragt werden, woher ich stammte ... dies und jenes zu sagen. Ich tat es gehorsam. Es blieb mir nichts anderes übrig.

Kapitel 5

Man kann immer spüren, was eines Tages ist, nicht, was immer ist.

Antonio Porchia

Das Gedächtnis eines Kindes speichert die Ereignisse nicht in chronologischer Folge. Es ordnet sie nach dem Impact, mit dem sie zutreffen. Daraus entsteht ein Kaleidoskop von über das Gefühl aufgenommenen, erlebten Zustände, je nachdem, welchen Wert es einem Geschehen beimisst.

Wie lange wir uns in Deutschland aufgehalten haben und wo genau wir gelebt haben, weiss ich nicht. Offensichtlich war die Periode lang genug, um mir einen Schulbesuch zu ermöglichen. Da wurde ich dann, ohne ein Wort Deutsch zu verstehen, von Mutter in die Schule geschickt. Wie ich die Situation meisterte, weiss ich auch nicht mehr. Ein zweifaches Pausenerlebnis hat sich meiner Erinnerung eingeprägt. Alle Kinder hatten Pausenbrote, ich hatte keines. Also blieb ich abseits, in gewisser Entfernung ste hen, und versuchte diese Tatsache zu verbergen. Am anderen Tag bekam ich von Mutter einen Apfel für die Pause. Überglücklich stand ich dann da, mit dem schönen, roten Apfel in der Hand, ohne mich entschliessen zu können, hineinzu-beissen! Ich wollte, dass alle sahen: Ja, ich habe auch etwas zu essen!

Mein zukünftiger Stiefvater war unser ständiger Begleiter geworden. Der Krieg war für seine Armee, die *Weissen*, die so sehr gehofft hatten, die *Roten* vertreiben zu können (welch ein Wunschtraum!) zu Ende. Der Traum war ausgeträumt. Er legte seine Uniform ab, wurde Zivilist, und war seitdem so gut wie wir ein Heimatloser. Ich trug seinen Namen, musste vergessen wie ich früher hiess. Nach Dokumenten fragte zu der Zeit keiner. Es war allgemein bekannt, dass viele Flüchtlinge sie nicht mehr hatten, oder sie waren gefälscht.

Dafür gab es richtige *Künstler* in unseren Reihen. Wo meine wirkliche Wiege gestanden hat, habe ich nie zu wissen bekommen. Ein seltsames Gefühl eigentlich, für die Welt so gut wie nicht zu bestehen! Ich hätte meine Geburt durch kein Dokument beweisen können ... Mutter war zu der Zeit der Meinung, wie weniger ich wusste, um so besser. Ich hätte sonst etwas unbekümmert ausplaudern können. In Situationen, die für uns gefährlich waren. So lebte ich notgedrungen mit einer falschen Aussage. Es wurde mir beigebracht falls man mich danach fragen würde, ich sei ... an einem anderen Ort, in einem anderen Land geboren. Das *kreative* Umgehen mit Geburtsorten, Namen, Zivilständen usw. war unter gegebenen Umständen üblich. Die gegebenen Umstände spielten sich in Österreich ab, wohin uns der Flüchtlingsweg weitergeleitet hat. Der Weg dorthin führte uns über die Alpen. Ich erinnere mich eines bestimmten Teils des Weges besonders gut. Unter dem Titel *Das Paradies* fasste ich es einmal für eine Zeitschrift in dieser Form zusammen:

Wir waren auf der Flucht. Mutter und ich.
Wer war der Feind, wer war der Freund?
Ich wusste es nicht.

Von woher flohen wir und wohin?
Ich wusste es nicht.

Ein Teil unseres Weges, zu Fuss, ging durch
die Berge. Welche? Ich wusste es nicht.
Ich war nur ein Kind.

Wir gingen einen Berg hinauf.
Mit uns noch zwei andere Frauen.
Der Weg war nass. Hier und dort lagen noch
einige Fetzen Schnee.

Auf halber Höhe ein Bauernhaus. Mutter
sprach mit der Bauersfrau. Es mussten
Freunde sein, denn man liess uns hinein.
Die Bauersfrau brachte uns in das obere
Stockwerk und in ein Schlafzimmer.

Wie müde ich war wurde mir erst bewusst, als ich sie sah: Zwei riesengrosse Federbetten und Kopfkissen. Das Bettgestell darunter war kaum zu sehen. Das Paradies! So kam mir jenes Zimmer vor. Es duftete herrlich nach frischer Wäsche. Mein Königreich für ein solches Zimmer und Bett! Doch so schnell, wie ich es mir wünschte ging es nicht.

Wir mussten uns zuerst waschen. Mutter war trotz ihres Erschöpfungszustandes (wie viele Tage, Wochen, waren wir schon unterwegs?) ziemlich streng in Bezug auf unsere körperliche Hygiene. Warmes Wasser wurde in einem Eimer aus der Küche nach oben getragen. Wie es mit dem Waschen weiter ging weiss ich nicht mehr. Endlich war es soweit. Ich lag ... im Paradies! Dann verschwand alles, viel zu schnell.

Das stille Örtchen in dem Haus befand sich auf dem Balkon, mit sagenhafter Aussicht auf die Berge. Auf der Wiese unten blühten die ersten Frühlingsblumen.

Am nächsten Tag ging unser Weg weiter. Besser gesagt, wir gingen. Wohin? Ich wusste es immer noch nicht.

Noch mehr Feinde werden uns den Weg erschwert haben.Noch mehr Freunde haben uns sicherlich geholfen. Das eine Haus am Berghang ist aber wie kein anderes in meiner Erinnerung geblieben.

Was wird wohl die Leute veranlasst haben, uns hereinzulassen? Ich weiss es nicht und werde es nie wissen. Mutter hatte, bevor sie sich auf

die Flucht begab, noch einiges Kostbares bei
sich. Schmucksachen.

Als wir das vorläufige Ende unserer Reise
erreichten und uns in Sicherheit wissen
durften, hatte sie die Sachen nicht mehr.
Gold und Edelsteine sind umgetauscht worden.
Für vieles, das wichtiger war,
unter anderem Brot.

Ob Mutter damals auch der Bauernfamilie ... vielleicht, wer weiss. Ist
ja egal! Ich weiss es nicht und werde es nie wissen ob sie, uns armen
Flüchtlingen, die nur noch einiges Gold und Edelsteine bei sich hatten,
aus Herzensgüte oder doch gegen Bezahlung für eine Nacht warme
Geborgenheit geboten hatte.

Heute habe ich warme Betten und duftende frische Bettwäsche, so oft
ich will. Die Duftnote hängt zwar von der Marke Waschpulver ab das
ich gebrauche, aber ich kann mir dabei eine gewisse Illusion der
Alpenfrische heraufbeschwören. Aus dem Fenster meines Ferien-
häuschens in den Bergen wo ich mich zur Zeit aufhalte, sehe ich,
beinahe wie damals, ein atemberaubendes Panorama. Das stille
Örtchen wäre heutzutage auf dem Balkon nicht mehr denkbar. Alles
andere ist noch da. Auch der Friede. Wenigstens innerhalb dieser
Landesgrenzen. Nur das Paradies ist endgültig dahin.Und manchmal,
so wie jetzt, plagt mich die Frage, ob ich denn selbst, heute oder
morgen bereit wäre, einem Grüppchen vorbeiziehender Flüchtlinge
Zuflucht für eine Nacht zu gewähren, die Leute in meinen Betten
schlafen lassen?

Nein, weder Gold noch Edelsteine bräuchte ich dafür, aber das macht
die Sache nicht einfacher. Im Gegenteil. Ich weiss es nicht. Und
wieder denke ich an *das Paradies* ...

Kapitel 6

**Nur da, wo ich voll und ganz sein kann,
fühle ich, das alles da ist. Und manchmal
kann ich sogar in nichts voll und ganz sein.
Und manchmal kann ich nicht einmal in
allem voll und ganz sein.**

Antonio Porchia

In Österreich dauerte für uns das Lagerleben in Baracken fort. Die
Österreicher nahmen uns auf und brachten uns ordentlich in Lagern
unter. In den für unsere Unterkunft gebauten Baracken gab es für jede
Familie ein Zimmer, in welchem, wie in den Kommunalwohnungen in
Russland, der ganze Tages- und Nachtablauf der Familie zu geschehen
hatte. Unsere erste Wohnstätte war in einem Lager in Salzburg, im
Park Hellbrunn.

Dort begegneten wir Amerikanern, die mit unserem Flüchtlingslos
beschäftigt waren. Sie waren behilflich, um uns weiter in die Länder
jenseits des grossen Teiches, die für Immigranten ihre Grenzen
öffneten, zu befördern. Es handelte sich um verschiedene Länder,
darunter, die Vereinigten Staaten, Kanada und Brasilien. Im Lager
Hellgrün gab es eine Kommandantur der Amerikaner, wo Mutter dank
ihrer Sprachkenntnisse Arbeit als Dolmetscherin/Sekretärin fand. Zum
wohnen hatten wir, wie alle anderen Familien im Lager, nach wie vor
nur ein Zimmer.

Wo Menschen in Agglomeration zusammenleben müssen erwacht oft
die weniger schöne Seite der widersprüchlichen, schon früher
genannten, menschlichen Natur. Sobald die grösste Gefahr, in der man
gemeinsam geschwebt hat, vorbei ist, beginnen einige Leutchen, sei es
aus Langeweile, oder aus purer Freude, anderen zu schaden, dies auch
zu tun. Diese a n d e r e n waren wir alle, Heimatlosen, die durch
dieselben Schrecken hindurchgegangen sind, um endlich einen, uns

35

freundlich gesinnten Aufenthaltsort, und sei es nur in einer Baracke, erreichen zu können. Wo wir aufatmen konnten. Gegen solche Schicksalsgenossen und Genossinen, ihre Nachbarn im Lager, veröffentlichten die oben genannten *Schweinehunde* (wie ich sie von Erwachsenen genannt hörte) Denunziationen der übelsten Art. Die Schreiben wurden an die amerikanische Kommandantur adressiert, wo Mutter sie in ihrer Sekretärinnen-Rolle in Empfang nahm und dem *officer* im Dienst übersetzen musste. Dieser lächelte meistens über den Inhalt. Nach ihrem aufgeregten Gemütszustand abends am Tisch zu beurteilen, den ich damals schon wahrzunehmen vermochte, konnte Mutter nicht einfach nur lächeln. Die Tatsache, dass Menschen jene Denunziationen schrieben, hat ihr arg zugesetzt. Offensichtlich wusste sie auch, wer die Denunzianten waren, obwohl sie sich inkognito gaben. Tagsüber erschienen sie im Büro der Kommandantur, um sich mit einer unschuldigen Miene nach den letzten Neuigkeiten der Aus-wanderungsmöglichkeiten zu erkunden. Und um sich zu vergewissern, dass ihre Namen auf der entsprechenden Liste figurierten.

Im Lager waren viele Russen untergebracht. Solche, die sich vom Russensein losgesagt haben, solange der Kommunismus es prägte. Darunter gab es auch solche Figuren die unter sich allerlei phantastische Geschichten verbreiteten über das, was sie angeblich früher gewesen sind, und was sie alles besessen haben. Sie vergassen auch nicht das *blaue Blut*, das durch ihre Adern fliessen sollte ... Scheinbar bewahrte es viele von ihnen nicht davon, solche miese Übeltäter zu sein. Mutter *brannte* dies alles so heftig auf der Seele, dass sich bei ihr deswegen - ich vermute es - ein Leberleiden entwickelt hat, unter dem sie schwer litt. Aber auch sonst *verbrannten* zusehends ihre Kraftreserven. Sie sah, dass der Menschentyp, der unter Stalin sein Unwesen trieb, auch jenseits der stalinistischen Grenzen sich mit bösartigen Spielchen *vergnügte*.

Jener Menschentyp war nirgends aus-
gestorben. Und wie sollte es?

Die Seele des Menschen hat tiefe Schluchten
und dunkle Spelunken wo das Triebhafte
ungestört sein Unwesen treiben kann, und
unschlagbar bleibt.

Solange es nicht erkannt ist.

Die Amerikaner kümmerte dies alles nicht. Aber sie mussten Listen
mit Namen haben, fiktiven oder nicht, um sie den Autoritäten jener
Länder vorlegen zu können, die sich zur Aufnahme von Immigranten
bereit erklärt hatten. Nach amerikanischer Bezeichnung waren wir alle
DP's (displaced persons). Sie stellten uns Ausweise aus, eine Art
Passport, mit Namen und Geburtsdaten, die ihnen genannt wurden.
Mutter schrieb sie fleissig in die Dokumente hinein. Einmal musste sie
die ganze Nacht durcharbeiten, um alle Pässe ausfüllen zu können,
weil am nächsten Tag der von uns allen befürchtete Besuch der
Kommunisten, auf der Suche nach ihren früheren *Genossen und
Genossinnen*, erwartet wurde. Zur Nachforschung der von den
Menschen selbst genannten Personalien war (zum Glück!) weder die
Gelegenheit noch das Interesse vorhanden.

Aus dem Lager Hellbrunn ging ich in das benachbarte Lager Parsch in
die russische Schule die dort, auch in einer Baracke, von Eltern für
ihre Kinder gegründet wurde. Schwierige Schulsituationen zu
meistern gemäss Anforderung der Lage, in der Mutter und ich uns
befanden, war mir zur Gewohnheit geworden. In der russischen
Schule hatten wir alle, gleichsprachigen Kinder, viel Spass
miteinander. Wir hatten ein Alter erreicht, wo die Jungen die Mädchen
plagten, an ihren Zöpfen zogen, sie dumme Gänse nannten, und wir
Mädchen uns ihnen gegenüber mit ähnlich wertenden Bezeichnungen
revanchierten. Dies, bis die ersten zarten Anzeichen einer juvenilen
Verliebtheit sich zu beiden Seiten bemerkbar machten, und wir uns,
aus einer sicheren Distanz, zu beäugeln begannen.

Nach ungefähr einem Jahr in Salzburg zogen wir um in ein Lager in
Kaprun, bei Zell am See. Dort fand mein Stiefvater eine Arbeitstelle
bei den Kapruner Wasserkraftwerken. Wir hatten das Glück, ein

verhältnismässig grosses Zimmer in einer Baracke zu bewohnen, welches Mutter recht heimelig einrichtete. Dort fing sie sofort an nach Lehrerinnen zu suchen die bereit wären, mich auf russisch weiter zu unterrichten. Solche Lehrkräfte gab es genug unter den Geflohenen, und so wurde meine Bildung im *russischen Stil*, im Privatunterricht fortgesetzt. Ich war eine gute Schülerin. Es war eine glückliche Zwischenzeit. An meine neue *Identität* und den Mann, den ich als meinen Vater zu betrachten hatte, hatte ich mich gewöhnt. Nach einem (für mich nicht unangenehmen) Aufenthalt in Kaprun zogen wir wieder um. Diesmal in die sogenannte *Flugzeugbaracke*. Sie stand auf dem ehemaligen Sportflugplatz etwas ausserhalb von Zell am See, und gehörte nicht zu denen, die für Flüchtlinge bestimmt waren. Zu der Zeit diente sie einer Firma als Lager und Verpackungsabteilung für ihre Produkte. Dort bekam mein Stiefvater seine zweite Stelle. Er wurde als *Verpackungsmann* beschäftigt und bekam die Erlaubnis, mit seiner Familie in derselben Baracke zu wohnen. Der abgeteilte Raum, den wir dort bewohnen durften, entsprach noch immer nur einem Zimmer. Er war aber in dem Sinne für uns ein Luxus, weil wir die alleinigen Bewohner der Baracke waren, weil dem Stiefvater der tägliche Weg den Berg hinauf zu den Wasserkraftwerken, und die schwere körperliche Arbeit dort erspart blieben, und zuletzt, weil unser vorübergehendes Zuhause inmitten von Wiesen stand, die im Sommer voller Blumen waren.

In der Baracke wohnten wir ca. anderthalb Jahre. Vielleicht auch zwei. Ich weiss dies so ziemlich genau, weil ich anderthalb Jahre sicher in Zell am See in die Schule gegangen bin und jene Zeit eine ungestörte, schöne Zeit meines Flüchtlingslebens gewesen ist. Mutter kam später auch gerne darauf zurück.

Der Weg zur Schule war, von dem Ort Bruckberg gemessen, etwa vier bis fünf Kilometer lang. Zu Fuss ging ich eine Strecke durch die Felder, dann dem See entlang, bis in das Stadtzentrum Zell am See, und dort zum Schulgebäude. Das Gebäude hatte zwei Flügel. Links die Primarschule, rechts die Sekundarschule. Ich wurde zu Beginn in die 4. Klasse der Primarschule plaziert, das Schuljahr hatte schon begonnen. In Einverständnis mit der Klassenlehrerin sollte ich, laut Aufforderung meiner Mutter, mir so viel Mühe geben, um zum nächsten Schuljahrbeginn in die Sekundarschule hinüber wechseln zu können. Scheinbar traute sie mir solche *Leistungssprünge* zu, und ich schaffte es. Stolz war ich auch selbst, als ich nach einem regulären Schuljahr im rechten Schulflügel das 1. Sekundarschuljahr mit guten Noten absolvierte, und von der Klassenlehrerin gelobt wurde. Ich, die Ausländerin, und das Flüchtlingskind.

Jetzt aber noch zurück zu den Anfangszeiten in der *Flugzeugbaracke,* und meiner Schulzeit in der 4. Primarschulklasse. Ich war mir meiner Sonderposition in der örtlichen Gesellschaft und meines Flüchtling-status inzwischen bewusst, und ich schämte mich ein bisschen, wenn ich auf die Frage nach meiner Wohnadresse, öfters von Kindern meiner Klasse gestellt, antworten musste: *Flugplatzbaracke, ohne Nummer...* Es war mir auch peinlich im Winter, wenn ich von anderen Kindern zum schlitteln eingeladen wurde, zugeben zu müssen, dass ich keinen eigenen Schlitten besass. Auch konnte ich keine Schul-kameradin zu mir nach Hause kommen lassen. Einmal, im Zeichen-unterricht, erteilte der Zeichenlehrer uns die Aufgabe, unsere Wohnhäuser zu zeichnen.

Oh, mein Gott, dachte ich, *muss ich jetzt die Baracke zeichnen ...?* Dies obwohl ich mich dort eigentlich ganz gut *beheimatet* fühlte. In der wunderschönen Umgebung von Zell am See wurde ich aufs tiefste mit der Natur, der Alpennatur insbesondere, verbunden. Ich liebte auch die Jahreszeiten. Alle vier, mit allen, ihnen zugehörigen Wetterlagen. Österreich wurde mir seelisch zur zweiten Heimat. Den Namen habe ich vergessen. Trotzdem mussten wir auch jenes Land verlassen. Wir waren noch nicht am Ende unserer Reise angekommen. Definitiv in Österreich bleiben konnten wir nicht. Inzwischen sprach ich den österreichischen Dialekt wie eine Einheimische, hatte viel Freude daran, und ich hatte auch eine Freundin. Sie hiess Irmgard und war die Tochter der Wirtin eines benachbarten kleinen Hotels, mit einer Gartenbeiz. Irmgard und ich trafen uns so oft wie möglich und hatten viel Spass zusammen.

Dies alles musste ich hinter mir lassen und in ein anderes Sprach-
gebiet übersiedeln, wo man überwiegend meine Muttersprache,
Russisch sprach. Wieder in ein anderes Flüchtlingslager ... (den
Namen habe ich vergessen) irgendwo in Salzburg. Den Frieden, den
wir in der *Flugplatzbaracke*, in Zell am See ungestört geniessen
durften, war einzigartig.

Kapitel 7

Die Nacht ist eine Welt, die die Nacht selbst erleuchtet.

Antonio Porchia

Es war dort, in der *Flugplatzbaracke*, wo ich im Jahre 1946 meine schönste Weihnacht erlebt habe. In dem Jahr dachte ich schon beim Herbstbeginn an Weihnachten. Ich fragte Mutter ob wir dieses Jahr einen Weihnachtsbaum haben konnten. Heute weiss ich nicht mehr, was mir Mutter damals zur Antwort gab, aber am letzten Schultag steckte sie mir Geld in die Hand und sagte, ich sollte damit auf dem Markt in Zell am See, nach der Schule, ein Weihnachtsbäumchen kaufen. Danach sollte ich mit dem Bus zurückfahren. Den Baum würde der Buschauffeur auf den Gepäckträger auf dem Dach des Busses laden, und in Bruckberg für mich herunter holen.

Wenn meine Mutter mir eine Aufgabe erteilte tat sie dies mit einer natürlichen Souveränität. Wissend, wie knapp das Geld in unserer Familie war erkannte ich sofort, welch ein grosses Geschenk dies war. Ein Weihnachtsbaum, wonach ich im Herbst gefragt hatte ! Dass Mutter sich noch daran erinnerte ... Voll Freude lief ich an dem Tag zur Schule. Das kostbare Geld lag in meiner Schultasche. In der Klasse, während des Unterrichts, tastete ich heimlich mehrere Male mit der Hand hinein, um zu fühlen, dass es tatsächlich da war. Wir hatte bis 16 Uhr Schule. Obwohl ich eine gute Schülerin war, konnte ich mich an dem Tag nicht auf den Unterricht konzentrieren. In meinen Gedanken war ich schon auf dem Markt.

Endlich war es soweit. Ich lief auf den Markt, im Zentrum des Städtchens, und direkt auf die Weihnachtsbäume zu. Einen nach dem anderen habe ich sie alle prüfend angeschaut. Ich würde natürlich den schönsten aussuchen. Irgendwo zwischen den vielen Bäumen musste doch *mein Baum* stehen. Den musste ich finden. Es wurde mir erst bewusst, wie lange ich am Suchen gewesen bin, als ich beim Verkäufer auf seine Uhr schaute. Aber dann hatte ich *meinen Baum* auch gefunden, genau den richtigen für das Geld, das ich bei mir hatte. Er war ein prächtiger Baum, wohl ein bisschen zu gross für mich zu tragen ... aber ich würde es schon schaffen, sagte ich mir. Einen Schlitten besass ich ja nicht, aber bis zur Bushaltestelle könnte ich ihn sicherlich tragen. Ich bezahlte, nahm den Baum irgendwie in die Arme und lief damit weg.

Bei der Bushaltestelle angekommen musste ich noch eine Zeitlang wartend in der Reihe stehen. Es war die letzte Busfahrt des Tages und die Menschen, die darauf warteten, hatten grosse Gepäckstücke bei sich. *Und dies muss alles aufs Dach ...* dachte ich, um einen guten Platz für meinen Baum besorgt. Der Bus kam und das Aufladen begann. Je näher ich an die Reihe kam, um so stärker wuchs meine Angst, dass meinem Baum dort oben zwischen den vielen Taschen und Paketen etwas passieren könnte. Ich konnte die Vorstellung nicht ertragen, dass er irgendwie beschädigt wurde. *Nein*, beschloss ich, *auf ein solches Risiko kann ich nicht eingehen. Ich werde den Weg zu Fuss laufen und den Baum tragen!* Und so kehrte ich dem Bus den Rücken und ging. Bald spürte ich, dass ich den Baum unmöglich den ganzen Weg in den Armen tragen könnte. Vorsichtig, dort wo am Strassenrand noch Schnee lag, zog ich ihn darüber. Der schwierigste Teil des Weges, das wusste ich, war durch das Stadtzentrum. Sobald ich den Feldweg erreicht hätte, würde es leichter sein. Dort lag weicher, sauberer Schnee. *Der Baum würde es nicht schlimm finden, darüber gezogen zu werden.*

Es war schon stockfinster, als ich den Feldweg betrat. Vor mir lagen einige Kilometer des Weges durch unbewohnte Landschaft. Den Weg kannte ich zwar gut, aber im Dunkeln bin ich ihn noch nie gegangen. Ob ich Angst spürte? Nein, eher ein Staunen. Das Bild mit den Bergkonturen an der rechten Seite, den zugeschneiten Feldern an der linken, dem schlingernden Fusspfad dazwischen, und dem unglaublich *offenen*, mit zahllosen Sternen besäten Himmelszelt oben ... steht mir noch heute in Erinnerung. Wenn ich Angst gehabt hätte, wäre mir dies alles nicht so bewusst gewesen. Vor allem das Wort *offen*, das ich jetzt gebrauche, bringt mir die Empfindung zurück, die mich damals beinahe überwältigte: *Der Himmel stand offen, über mir.*

Ich lief langsam, hielt den Baumstamm abwechselnd mit der rechten und der linken Hand, den Baum vorsichtig hinter mir ziehend. Wunderlich genug dachte ich überhaupt nicht an zu Hause oder an die Möglichkeit, dass meine Eltern sich um mich Sorgen machen konnten. Ich war so intensiv, so intim mit *meinem Baum* beschäftigt, dass alles andere aus meinem Bewusstsein verschwand. Ich war nicht mit dem Bus zurückgekommen, ich war ungehorsam gewesen. Dies geschah zu der Zeit noch kaum in meinem jungen Leben. Es musste schon ziemlich spät gewesen sein, weil ich so langsam vorwärts kam und öfters pausieren musste.

Plötzlich sah ich, dass eine menschliche Gestalt mir auf dem Pfad entgegeneilte. *Wer könnte es sein?* Auch hier keine Angst, nur abwartende Haltung. Als die Gestalt näher kam, erkannte ich meine Mutter. In dem Augenblick war ich auch zurück in der gewöhnlichen Realität: *Mutter wird sich sicherlich Sorgen um mich gemacht haben ... sie wird böse auf mich sein, sie wird mich bestrafen für meine Ungehorsamkeit ...* Aber Mutter kam auf mich zu und war überhaupt nicht böse. Und was noch erstaunlicher für mich war, sie sprach kein Wort. Sie umarmte mich nur, und einen Moment lang (den ich als zeitlos erlebte) standen wir beide mitten auf dem Pfad innig mit-einander verbunden. Ich fühlte mich warm und in Sicherheit in ihren Armen. Den Baum hatte ich, als sie mich umarmte, fallen gelassen. Sie nahm ihn auf, legte einen Arm um meine Schultern, und stillschweigend gingen wir ruhig nach Hause.

Zuhause wird wohl zwischen Mutter und Vater ein Gespräch stattgefunden haben. Vater wollte sicherlich wissen, was mit mir los gewesen war. Das gesprochene Wort hörte ich nicht. In meinem Innern erlebte ich noch das grosse Wunder der Begegnung mit meiner Mutter. Eine Begegnung, so anders, als alles was ich bis anhin von ihr kannte. Warmes Essen stand bald für mich aufgetischt, und nachdem ich gegessen hatte musste ich schnell ins Bett. Es schien, wie wenn die beiden Erwachsenen es eilig hatten, mich ins Bett zu kriegen. Ich dagegen hatte es gar nicht eilig, hatte überhaupt kein Schlafbedürfnis. Am nächsten Tag musste ich ja nicht zur Schule und wäre so gerne noch aufgeblieben, um den Baum anzuschauen. Vater hatte ihn in einen Eimer an die Wand angelehnt hingestellt. Morgen, sagte er, würde er dafür sorgen, dass er gerade stand. Ja, ich wäre so gerne aufgeblieben, aber darum zu fragen, durfte ich nicht. Ausserdem hatte ich so ein Gefühl, dass es noch irgendeinen anderen Grund gab, weswegen ich so rasch ins Bett musste. Also gehorchte ich.

Unter die Decken gekrochen, mit dem Gesicht zur Wand gekehrt, dachte ich zurück an das wundersame Erlebnis. Der Schlaf wollte nicht kommen, trotzdem lag ich schön still und hielt die Augen zu. Meine Eltern sprachen leise miteinander. Dann hörte ich Schritte an unserer Tür und ein leises Klopfen. Weil ich schlafen sollte, tat ich als ob, während ich jedem Geräusch lauschte. So hörte ich wie unsere Tür geöffnet wurde, und die Stimme meiner Mutter, die im Flüsterton mit zwei Männerstimmen sprach. In jenen Stimmen erkannte ich Bekannte meiner Eltern, zwei Brüder, die genauso arm wie wir, in einem anderen Dorf wohnten, und uns ab und zu besuchten. Ausser den Stimmen konnte ich noch ein anderes Geräusch wahrnehmen. So etwas wie wenn ein Gegenstand oder mehrere ins Zimmer gebracht würden. Eine Männerstimme erklärte, dass es beinahe nicht gelungen war, die Sachen zu besorgen ... bis zum letzten Moment ... darum waren sie so spät gekommen. Die andere Stimme fügte hinzu: „Sie sollen noch zu gross für sie sein ... und die Schuhe, ja ... sie sind auch zu gross, aber andere waren nicht zu kriegen ... vielleicht mit einem extra Paar Socken ..." In dem Augenblick wusste ich, um was es ging. Es waren Skis, die hereingebracht wurden! Gebrauchte, natürlich, und sie waren für mich bestimmt! Ein Jahr davor hatte ich mir ein Paar Skis gewünscht. Wie oft hatte ich voll Verlangen den Menschen zugeschaut, die Skilaufen konnten, und wie oft sah ich mich selbst blitzschnell den Berg hinuntersausen?! *Liebe Mutter, jetzt lässt du mir diesen Wunsch in Erfüllung gehen.* Wie schwierig die Erfüllung solcher Wünsche in unserer damaligen Situation war, darüber wusste

ich Bescheid. Das Geflüster an der Tür klang jetzt als Abschied. Die zwei Freunde wollten nicht hereinkommen, sie hatten noch einen langen Weg zurück, sagten sie. „Ein anderes Mal dann", sagte Vater, „und dann zum Essen", bat meine Mutter. Worte von Dank, gute Wünsche und Abschiedsworte folgten. Vater und Mutter waren noch kurz beschäftigt im Zimmer. Sicher um die Sachen zu verstecken, dachte ich. Weihnachten war erst in ein paar Tagen. Dann legten sie sich auch schlafen.

Am nächsten Tag wurde der Weihnachtsbaum im Zimmer aufgestellt. *Königlich*, fand ich, stand er in seinem Eimer, auf ein paar Kisten, die mit Papier verkleidet waren, neben dem Fenster. Jetzt musste er noch geschmückt werden, aber das war noch ein Problem. Weihnachts-schmuck hatten wir keinen. Nur ein paar Dinge, die ich in der Schule, in der Handarbeitstunde, selbst gemacht hatte. Mutter hatte noch Silberpapier aufbewahrt, daraus konnte ich noch etwas machen. Guirlanden aus Papier zu basteln, dies hatten wir in der Schule gelernt. Die einzelnen Streifen zusammen kleben, mit einem Leim, den man auch selbst machen musste, aus Mehl und Wasser. Einige Kerzen hatten wir auch noch. Den Baum zu schmücken wurde zu einem richtigen Ritual. Mit jedem Ding das ich an seine Äste hängte, gewann er für meine Augen an Schönheit und Würdigkeit. Er war doch der *allerschönste Baum auf der ganzen Welt!* Zum Schluss kamen die Kerzen noch drauf. Der Baum stand dann fertig, die Kerzen durften erst am Weihnachtsabend angezündet werden. Das war gut, fühlte ich, noch etwas, worauf man warten konnte.

Währenddem ich den Baum schmückte war Mutter nebenan mit dem Essen beschäftigt. An grossen Feiertagen, wie Weihnachten und Ostern, hatte sie die Gewohnheit, so viel wie möglich zum Voraus zu bereiten. Alter russischer Brauch. Nachdem sie mit dem Essen fertig war (und ich staunte, wie sie es schaffte, aus dem wenigen immer etwas Festliches zu machen) wurde unser Wohnraum gründlich saubergemacht. In allen Ecken wurde geputzt, der Boden wurde geschrubbt, die Betten frisch bezogen, und dann kamen wir Menschen an die Reihe. Auf dem kleinen Kochherd, mit Holz geheizt, wurde unser Badewasser in einem Eimer erwärmt. Dann wurde in der Mitte des Zimmers eine *Waschgelegenheit* organisiert. Ich weiss noch, wie gründlich Mutter mir mein langes Haar und den ganzen Körper wusch, und wie herrlich es danach war, frische Kleider anzuziehen.

Die Badeprozedur war für Mutter ein heiliges Ritual. Erst nachdem wir alle gewaschen und frisch angekleidet waren, konnte das Feierliche beginnen. Das Baden bedeutete sowohl eine Reinigung von innen als auch von aussen. Genauso wie das Saubermachen des Wohnraumes. Früher des ganzen Hauses. Während man in allen Ecken putzte, sollte man auch so einiges an *Schmutz* aus den verborgenen Ecken der Seele entfernen. Eine solche Bedeutung habe ich erst später eingesehen. Mutter sprach bei ihrer Hausarbeit nie darüber. Jetzt merke ich, dass ihre stillschweigende Handlungen einen tiefen Eindruck auf mich gemacht hatten. Nach dem Vollbringen eines solchen Reinigungsrituals war unser armseliges Zimmer auch zu einem echten Zuhause geworden, und es war, wie wenn Schönheit aus seinen vier Ecken uns entgegen strahlte. Am Weihnachtsabend, bei einem festlich gedeckten Tisch, wurden dann die wenigen Kerzen am Baum angezündet, und später bekam ich mein Geschenk, die Skis. Ich hatte mich bemüht, es mir nicht anmerken zu lassen, dass ich darüber schon Bescheid wusste. Für nichts auf der Welt wollte ich das Geheimnis verraten, das meine Eltern rundherum aufgebaut hatten.

Ich glaube jetzt, dass das Gefühl von Ehrerbietung für den Menschen damals in mir erwachte. Dieses Gefühl ist später während einer Anzahl von Jahren, als ich erwachsen wurde, bei mir verschwunden. Als ich viele meiner Mitmenschen in allen möglichen Schattierungen ihrer schlechten Eigenschaften kennenlernte. Enttäuschung, Mutlosigkeit, Beschuldigung wechselten sich in meinem Gemüt ab. Dann kam Wut, Kritik, Kämpfen gegen ... usw. dazu. Bis ich wieder auf jenes Urgefühl für das Menschlichste im Menschen stiess, das sich in manchen Augenblicken wie Gnade offenbaren kann. Wie dies auch geschah, damals, in der allerschönsten Weihnachtszeit, die ich je erlebt habe.

Kapitel 8

**Und doch ist er so schnell, der Wechsel der
Dinge, wenn wir die Dinge sehen, sehen wir
nicht die Dinge. Wir sehen
den Wechsel der Dinge.**

Antonio Porchia

Jetzt will ich noch über ein Erlebnis berichten, das sich unauslöschlich in meinem Innern registriert hat. Es spielte sich ab in einem Lager in Deutschland, kurz nachdem wir dort angekommen waren und - ich muss sagen - den Umständen entsprechend, von den Deutschen gut aufgenommen und behandelt wurden.

In dem Lager gab es eine Küche und die Kinder bekamen täglich etwas zu essen und zu trinken. Zusätzlich erhielten wir Lebensmittel- karten. Eines Tages schickte mich Mutter mit einem Kartenabschnitt in die Metzgerei des Nachbardorfes, um ein Stück Wurst zu kaufen. Der Weg aus dem Lager verlief am Waldrand entlang. Ich erreichte die Metzgerei, übergab meine Kartenabschnitte und bekam dafür die gewünschte Wurst. Beim Abwiegen schnitt der Metzger noch ein kleines Stück dazu, um das Gewicht zu ergänzen, wickelte alles ins Papier und übergab es mir. Ich machte mich auf den Rückweg. In unserem Barackenzimmer packte Mutter die Wurst aus. Ich guckte auf den Inhalt und sagte: „Oh ...da war aber noch ein Stückchen dabei ...“ In dem Moment wurde Mutter böse. „Was?!“ schrie sie mich an, „und du bist so unsorgfältig gewesen, dass du es verloren hast ?! Gehe jetzt sofort zurück und suche es!“ Ich ging. Der Tag neigte sich schon gegen Abend zu. Es dämmerte, während ich den Weg am Wald entlang zum zweiten Mal ablief. Die Chancen, das fehlende Stück Wurst zu finden, waren minimal. Dies konnte sogar ich einschätzen. Erstens wurde das Tageslicht immer schwächer, und zweitens hätte ein Tier es längst gefunden und aufgefressen haben. Aber plötzlich, wie von einer Hand angehalten, blieb ich stehen.

Das Stück Wurst lag dort, direkt vor meinen Füssen, mitten auf dem Weg! Unglaublich. Mein Schutzengel muss mir beistanden haben, und den Weg mitgelaufen sein.

Die Periode, die wir als Flüchtlinge verbrachten, hat beinahe fünf Jahre gedauert. Sie betrug viele lebensbedrohende Abschnitte aber auch glückliche Momente, Stunden, in unserem Fall sogar Jahre, die wir in Bruckberg in der *Flugplatzbaracke* lebten. Das Leben davor, im Lager Hellbrunn, war für uns Kinder ein weiteres Abenteuer. Dort gab es, ganz in der Nähe unserer Baracken, einen Jahrmarkt, wo wir stundenlang zwischen Schaubuden, Karussells und anderen Attraktionen spazieren konnten. Manchmal gaben uns unsere Eltern etwas Geld, das uns eine Fahrt auf dem Karussell ermöglichte. Zum Park gehörte auch ein grosser Teich, umringt von Bäumen und Sträuchern, und einige Tennisplätze. Wir spielten gerne um den Teich herum, und wir schauten auch gerne dem Tennisspiel zu, wenn es dort stattfand. Meistens an Sonntagen. Wenn man so gut wie nichts zum spielen hat, ist alles interessant was draussen geschieht, und man findet tausend Dinge, die einen beschäftigen können. Gelangweilt haben wir uns nie.

Eines Tages, es muss ein Feiertag gewesen sein, war auf dem Jahrmarkt viel los. Amerikanische Soldaten vergnügten sich zusammen mit Einheimischen an den Schiessbuden, und es gab viele Preise zu gewinnen. Ich befand mich auch mittendrin, mit dem einzigen Unterschied, dass ich kein Geld für irgend etwas hatte. Mein Vergnügen bestand darin, anderen zuzusehen. Und wie ich so da stand oder lief ... kamen plötzlich zwei amerikanische Soldaten direkt auf mich zu. Einer hatte eine Torte in den Händen, die er offensichtlich gerade gewonnen hatte. Eine Torte mit viel Creme gefüllt. Die bekam ich dann, ganz einfach so in meine Hände plaziert. Die beiden jungen Männer lächelten mich an und gingen weiter. Da stand ich dann mit der lecker aussehenden Torte in den Händen und wusste nicht, wohin damit. Damit nach Hause zu gehen traute ich mich nicht, weil Mutter mir einige Zeit zuvor strengstens verboten hatte, was auch immer von fremden Menschen anzunehmen. Es gab nur eines zu tun. Die Torte aufzuessen! Ich lief ins Gebüsch am Ufer des Teiches, versteckte mich darin, und ... ass die ganze Leckerei auf. Dann ging ich (mit vollem Bauch) nach Hause, und ... oh Schreck, Mutter hatte das Abendessen schon auf dem Tisch stehen ! Und sie duldete nicht, dass ich nichts ass.

Der Transport von uns Flüchtlingen in die Länder, die gewillt waren Immigranten aufzunehmen, ging so vor sich hin, dass man sich zuerst auf die Liste des Landes seiner Wahl eintragen liess, und dann abwartete, bis es soweit war, dass man hinreisen konnte. Zuständig für die Transportschiffe waren die Amerikaner. Die meisten von uns liessen sich auf verschiedene Listen zugleich eintragen, in Erwartung der erstbesten Möglichkeit zur Auswanderung. Es war egal wohin ... Nur weg, so bald wie möglich. Die erstbeste Möglichkeit für uns wurde, zufällig, Brasilien. Also, auf nach Brasilien! Zur Einschiffung mussten wir nach Bremen, in Deutschland. Von dort aus würde uns ein amerikanisches Militärschiff, *Captain Black* hiess es, über den grossen Teich fahren.

Als bekannt wurde, dass es für uns soweit war, ging Mutter mit mir in ein Geschäft, um für mich ein neues Kleid zu kaufen. Neues Kleid, für eine neue Lebensetappe? Der ausgewählte Artikel war ein wunderschönes Kleid aus weich fliessendem, goldgelb gemustertem, feinem Stoff. Endlich etwas, was nicht nur praktisch und strapazierfähig sein musste! In dem Kleid fühlte ich mich wie eine Prinzessin. Das luftdurchlässige Material aus dem es geschneidert war fühlte sich so anders an als all die *vernünftigen* Kleidungstücke, die ich bis anhin hatte tragen müssen. Ich war überglücklich damit. Meine Mutter zeigte sich bei diesem Kauf von ihrer, mir bisher unbekannten oder nicht wahrgenommenen Seite. Nicht nur das Praktische, auch das Schöne gehörte zu ihrem Alltag. Es war mir lange Zeit ein Rätsel wie Mutter es schaffte, Sachen mit zu transportieren, die mehr Schönheits- als Nützlichkeitswert hatten. Es gelang ihr unter anderem, ein zwölfteiliges Set Silberbesteck, eine Ikone, zwei, aus feinster Spitze durch Klosterfrauen von Hand gearbeitete Bettüberwürfe, mit dazugehörigen Kissenüberwürfen (wie sie damals in russischen Schlafzimmern gebraucht waren), mitzuretten. Dies alles aus ihrer Aussteuer. Dann waren da noch die Leinenhandtücher, die im russischen Haushalt mehreren Zwecken dienten. Man konnte damit einen Eimer sauberes Wasser abdecken, (unser Trinkwasser in den Baracken) eine Ikone drapieren und, natürlich, sich damit abtrocknen. Das absolut Notwendige an unserer Unterwäsche und Oberbekleidung muss in Mutters Bagage auch noch Platz gehabt haben. Schon deswegen, weil ich bis anhin mit dem absolut Notwendigen an Kleidung auskommen musste war ich so glücklich, als mir ein *richtiges Mädchenkleid,* in einem richtigen Modegeschäft gekauft wurde. Ja, wenn sie Gelegenheit bekam, hatte Mutter immer Freude daran, anderen eine Freude zu bereiten.

Wir überlebten den Krieg.

Menschliches und Unmenschliches kam uns entgegen, zeigte auf, unverblümt, was im Menschen alles lebte. Das Göttliche und das Dämonische. Dicht nebeneinander.

Nein. Gott musste man nicht hoch oben, jenseits der Wolken suchen. Dort konnte Er tatsächlich nicht einmal von Astronauten gesichtet werden. Ebensowenig ist der Teufel irgendwo im ewig brennenden Feuer tief unten anzutreffen. Einen wissenschaftlichen Beweis für die Existenz der beiden kann es nicht geben. Weil beide im Menschen beheimatet sind.

In aussergewöhnlichen Zeiten, wie im Krieg, kommen sie zum Vorschein. Zeigen ihre Gesichter. Solange der Einzelne sie nicht, durch Selbsterkenntnis, entdeckt, bleiben sie ihm verborgen. Oder sie bleiben ein Mythos, Aberglaube, ein naives Hoffen auf Rettung und Angst vor Verdammnis. Ich glaube, dass es sicherlich geistige Helfer für uns Menschen gibt, die unsichtbar für unsere sinnlichen Augen, uns zur Seite stehen und durch das Leben begleiten. So glaube ich an

Schutzengel. Anderseits müssen auch geistige Wesen da sein, die uns Steine in den Weg legen, die unsere Entwicklung hemmen. Die uns dem Schrecklichsten exponieren, wozu nur der Mensch imstande ist. Wenn solche Mächte auch als *böse* eingestuft werden können, so wirken sie nur durch den Menschen. Sie aktivieren nur d a s , was wir als Tendenz in uns tragen, und willentlich oder nicht nach aussen kommen lassen. Ohne dieses Mitwirken seitens des Menschen sind auch die *bösesten Mächte machtlos*. Diese Gedanken kommen mir, während ich die Ganzheit einer mir heute fern liegenden Vergangenheit zu überblicken versuche. Einer Vergangenheit die, jenseits meiner persönlichen Fluchtgeschichte, unzählbares Menschenleben und Leid in sich trägt. Diese Vergangenheit zeugt auch vom grossen Widerspruch im seelisch-geistigen Bereich des Menschen. Ein unauslöschbares Zeichen dafür ist in unsere Weltgeschichte eingegangen. Und trotzdem:

Dort, wo Gott und Teufel miteinander streiten,
sind sie zugunsten des Fortschritts der
menschlichen Rasse und Evolution
der individuellen Seele geheime Verbündete.

Der Krieg hat mich einiges gelehrt. Natürlich nicht sofort, sondern im Verlauf der vielen Jahre. Unter anderem, dass der grösste Kampf der bestritten werden muss, mit einem selbst zu geschehen hat. Nicht gegen einen aussenstehenden *Feind*. Und dass dieser Kampf nicht *gegen* sich selbst zu erfolgen hat. Nicht *gegen* die Teile die man dort nicht (wahr)haben will, sondern für die Transformation davon. Aber umgewandelt kann nur das werden, was man hat. Was man hartnäckig nicht zu haben glaubt, das kann manh auch nicht umwandeln. So bleibt alles Unterdrückte, Nicht-umgewandelte, Nicht-erkannte, Abgewiesene, im Kleinen wie im Grossen, weiterhin sein Unwesen treiben, und werden wir Menschen zu nie endenden Kriegen gegeneinander angestiftet. Sei es im Kreise der familiären Beziehungen oder auf internationalen Fronten.

In einem zeitgenössischen russischen Lied singt die preisgekrönte Sängerin der (ehemaligen) Sowjetunion, Jeanne Bichewskaja die Worte von Buhlat Okudschawa:

> ... *der erste Krieg war niemands Schuld ...*
> *der zweite Krieg war irgend jemands Schuld ...*
> *der dritte Krieg nur meine Schuld ...*

Hier wird nicht der geschichtliche, erste und zweite Krieg gemeint, sondern die Verantwortung, die aus dem erwachenden Bewusstsein eines Menschen entsteht (wenn er erwacht!) für die geschichtliche Gegenwart. Die Illusion, dass wir an der Zeitgeschichte unbeteiligt, neutral, in Unschuld gebadet, vorbeigehen können, müsste abgelegt werden. Jeder Mensch hat zum Ausbrechen und Fortbestehen der Kriege direkt oder indirekt beigetragen. In den meisten Fällen durch das Fehlen des nötigen Bewusstseins. Es fehlten den meisten von uns die Fähigkeiten eines ungetrübten Wahrnehmens, und des eigenen, möglichst objektiven Denkens. Stattdessen gab es tausendfach affektive Reaktionen auf schreiende Parolen der Massenbeschwörer und ihrer Befehlshaber.

Natürlich konnte jeder Mensch unter damaligen Umständen behaupten: *Ich wusste ja nicht ... und konnte nicht anders.* Dort wo wir aus blanker Unwissenheit handeln und des eigenen Denkens noch nicht mächtig sind, sind wir in gewisser Weise unschuldig. Darum konnte der Dichter des oben genannten Liedertextes schreiben: ... *der erste Krieg war niemands Schuld ...* Sobald wir aber mehr wissen, mehr wahrzunehmen vermögen, wären wir zum tragen von einer höheren Verantwortung verpflichtet. Nicht mehr aus dem veralteten *noblesse oblige*, sondern aus dem für heute sicher geltenden: *das Wissen verpflichtet.* Natürlich sind die Fähigkeiten zum klaren, selbständigen Denken, und eines von subjektiven, emotionalen Einflüssen befreiten Wahrnehmens bei uns Menschen noch lange nicht ausgebildet. Wie sollten sie auch?

Und sie werden nicht von selbst, wie das Gras im Frühling, aus der dem Menschen inne-wohnenden Intelligenz spriessen ... Die Anlage zu diesen höheren Fähigkeiten ist aber da. Sie liegen in uns wie Samen in der Erde. *Samen,* nicht für gewöhnliches *Gras,* sondern für *Pflanzen* seltener Art, die im *Garten der Seele* gedeihen könnten. Wenn ihre Wirtin, die Seele, entsprechend gepflegt würde ...

Als ich diese Gedanken meinem Schreibpapier anvertraue, beginnt im Radio eine Sendung, die ich mir regelmässig anhöre. Diesmal geht es um ein Interview mit einem katholischen Geistlichen, der in der Sakristei des Berner Münster Meditationen durchführt, basierend auf Meister Eckharts Schriften. Zufällig ergänzen die Worte die ich höre, ganz fundamental, den Inhalt den ich versuche hier zum Ausdruck zu bringen. Ich übernehme aus der Sendung das Wichtigste zum Thema:

Meister Eckhart lebte von 1260 bis 1328.
Als Mystiker bekannt geworden, vertrat er eine
offene, undogmatische Theologie.
Der Gedanke "Gott" genügte ihm nicht, denn
wenn der Gedanke weg war, dann war auch
Gott weg! Mystiker zu sein bedeutete für ihn
keine Weltflucht, wohl das Bestreben der
Seele, sich mit Gott zu vereinigen.
Dies, im Hier und Jetzt.
Zu seiner Zeit wurde er von der Kirche als
Ketzer verurteilt. Er war unangenehm, mutete
den Menschen sehr viel zu.
Seine Besonderheit lag in der Sprachkraft.
Er nahm das Christentum aus dem
historischen Geschehen heraus.
Es geschieht hier und jetzt, sagte er:
Wir brauchen Christen, die selbst denken.
Damals hatte die Kirche noch das
Denkmonopol. Heute hat sie es verloren.

Eckhart, höre ich, wird heute auch bei Buddhisten geschätzt. Er ist ein Gesprächspartner, der mit anderen Religionen in Dialog treten kann. Und nun zur Meditation, die von Jürgen Welter angeleitet wurde:

Wie soll der Mensch leben?

Auf diese Frage antwortete Meister Eckhart:

„Du sollst nicht aus dir sein, für dich sein, niemandem zugehören ... Gott ist nicht ausserhalb dir, und du sollst Ihn nicht wie eine Kuh melken".

Manche Leute wollen Gott wie eine Kuh ansehen, und Ihn wegen der Milch lieben.

„Du sollst beständig und fest sein, in Freude und Leid".

Der Geistliche meditierte darauf, mit eigenen Gedanken. Ich meditiere mit. Meine Gedanken hinzu stehen zwischen Klammern.

Grundfragen. Sie führen an den Abgrund.

Wie sollen wir leben?

Heute, beliebig wie du willst! Soll ich nach den Sitten der Alten leben, nach ihren Konventionen?

Woraus lebst du?

Diese ist eine zugeschüttete Frage.

Wessen bist du?

Mir gehöre ich doch!

Grundfragen führen an den Abgrund ...

(Man hat sie nicht gern. Entweicht ihnen. Sie führen zur Wahrheit. Aber auch Wahrheit hat man nicht gern. Man versucht ihr zu entweichen, wie einer ansteckenden Krankheit).

Ihr fragt, wie ihr leben sollt. Aus Gott sollt ihr
sein, nicht aus euch. Nicht für dich sollst du
sein, niemandem gehören.

Wir wehren uns, klammern uns an unseren
Idealismus.

Aber lebst du heute wirklich aus dir selbst?
Strömt das Leben wirklich aus dir, aus deiner
Persönlichkeit, Selbstentfaltung?

Bist du eigenständig, selbständig?
Sollst niemandem zugehören. Vielleicht willst
du jemandem zugehören ...

Zugehörigkeit ist auch Hörigkeit.

(Wie viel Hörigkeit gab es im letzten Krieg? Letzten?
Wie viel gibt es nach wie vor in der Welt? Unter Anhängern von
Sekten, den neuen Religionen? Wie viel Hörigkeit wird durch
Weltverbesserungsapostel gezüchtet?
Wie viel Hörigkeit bei Partnern, selbst bei denjenigen die,
zu Beginn, verliebt sind?)

Warum Gott zugehören? Ist das nicht
Unfreiheit?

Manche Leute wollen Gott mit den Augen
sehen ... Wie die Kuh wollen sie Ihn lieben,
wegen Milch und Käse lieben. Oder des
Trostes wegen. Diese Liebe wird zum
Hindernis.

Trost? Trostkuh. Eigennutz ist nicht schlecht,
aber es nützt dir nicht. Du kannst dich trösten
lassen, aber du bleibst ungetröstet- Alles was
du bekommst zum eigenen Nutzen, nützt dir
nicht.

Du sollst beständig sein.

Du sollst alle Tugenden in dir durchschreiten,
und überschreiten. Dazu helfe dir Gott.

Unmöglich!

Liebe und Leid? Glück und Unglück?
Unmöglich! Wir sind keine Überschreiter!

Wir sollen leben, nicht in Unterwerfung, nicht
in Anbetung.

Das kann nicht sein!

Eins werden ...

(hier denke ich: mit unserem eigenen, höheren Selbst).

Dazu helfe uns Gott. Amen.

Kapitel 9

**Jedes Ja und Jedes Nein sind Ewigkeiten
für die Dauer eines Augenblicks.**

Antonio Porchia

*Als der Krieg in Europa Anfang Mai 1945 zu
Ende ging, war ich acht Jahre alt. Das
Massenmorden, nach Befehl eines
Wahnsinnigen, das qualvolle Sterben
zigtausender Kämpfer an allen Fronten, der
Raubbau an den Volkswirtschaften in
besetzten Gebieten hatte, für kurze Dauer,
aufgehört. Die Illusion des Friedens beflügelte
die Phantasie der tief verwundeten Völker.
Dies nicht nur für uns Flüchtlinge und später
Emigranten. Nicht nur derjenigen, die alles
Materielle, das sie besassen, verloren hatten.
Der Verlust von Familienangehörigen,
Freunden, geliebten Menschen ist mit keinem
örtlichen Frieden und/oder einer finanziellen
Genugtuung zu begleichen.*

Der Kern für den nächsten und den übernachten Krieg, der *Same* für
alle Kriege, bleibt trotz des ausgehaltenen *Friedens* erhalten. Der irre
Oberbefehlshaber des Zweiten Weltkrieges ist nur körperlich
gestorben. Sein Geist lebt weiter, in anderen, die genauso fanatisch,
völkermörderisch sich an ihren Nachbarn vergehen. Das Foltern, das
Vergewaltigen, unter dem Motto *im Krieg ist alles erlaubt*, wird auch
in den heutigen Kriegsgebieten scheinbar ohne jegliches Gewissen,
ohne Bedenken fortgesetzt.

Der zweite Weltkrieg war zu Ende. Es gab Sieger und Besiegte. Der
Hauptangreifer beging Selbstmord (welch eine Ironie!) nachdem er
Millionen anderer Menschen ermordet und Tausende seiner eigenen

Soldaten in den Tod geschickt hatte. Nachdem er seine eigenen Offiziere, die angesichts der vielen, für die Deutschen aussichtslosen Lagen an den Fronten, ihn um die Rückzugerlaubnis ersuchten, um das Leben eigener Soldaten zu erhalten, die Erlaubnis verweigerte. Nachdem er viele seiner Offiziere erschiessen liess.

Der ganze Horror sollte nach Ende des Krieges, soweit dies denkbar war, vergessen werden. Der Wiederaufbau begann, wurde als das Wichtigste erachtet, womit man sich beschäftigen sollte. Selbstverständlich. Aber auf *Vergessen* kann kein echter Friede gegründet werden. Dies scheint man allzu leicht zu vergessen. Die Geschichte des letzten Krieges wurde geschrieben. Beweismaterial der verübten Greueltat wurde gesammelt und verarbeitet. Ebenso das Beweismaterial der heroischen Widerstandskämpfer und ihrer Bewegungen. Menschen, die aus tiefsten, humanen Gefühlsregungen und klarem, von der Nazipropaganda nicht getrübten Denken, für Gerechtigkeit, Freiheit und Ehre ihr Leben riskierten. Widerstand *aus der Macht des Geistes*, proklamierte eine solche Bewegung 1943. Studenten der Münchner Universität prangerten das NS-Regime an. Nachdem in der Schlacht um Stalingrad (im Herbst '42) dreihundertdreissigtausend deutscher Männer ... sinn- und verantwortungslos durch deren Führer in Tod und Verderben gehetzt wurden, riefen zwei Münchner Studenten (Geschwister Scholl) ihre Kommilitonen und Kommilitoninnen zum Widerstand, und zur Bewusstwerdung auf. Auszug aus einem ihrer Flugblätter:

(Auszug aus der Chronik des zweiten Weltkrieges, © Chronik Verlag))

> *Es gärt im deutschem Volk. Wollen wir weiter*
> *einem Dilettanten das Schicksal unserer*
> *Armeen anvertrauen? Wollen wir den niederen*
> *Machtinstinkten einer Parteiclique den Rest*
> *der deutschen Jugend opfern? Nimmermehr!*
> *Der Tag der Abrechnung ist gekommen, der*
> *Abrechnung der deutschen Jugend mit der*

verabscheuungswürdigsten Tyrannin, die
unser Volk je erduldet hat (....)

In einem Staat rücksichtsloser Knebelung
jeder freien Meinungsäusserung sind wir
aufgewachsen. HJ, SA, SS haben uns in den
fruchtbarsten Bildungsjahren unseres Lebens
zu uniformieren, zu revolutionieren, zu
narkotisieren versucht. (...)

Eine Führerauslese, wie sie teuflischer und
bornierter zugleich nicht gedacht werden
kann, zieht ihre künftigen Parteibonzen auf
Ordensburgen zu gottlosen, schamlosen und
gewissenlosen Ausbeutern und Mordbuben
heran, zur blinden, stupiden
Führergefolgschaft. (...)

Es gibt für uns nur eine Parole: Kampf gegen
die Partei! (...) Es geht uns um wahre
Wissenschaft und echte Geistesfreiheit! (...)
Es gilt den Kampf jedes einzelnen von uns um
unsere Zukunft, unsere Freiheit und Ehre in
einem seiner sittlichen Verantwortung
bewussten Staatswesen. (...) Studenten,
Studentinnen, (...) auf uns sieht das deutsche
Volk! Von uns erwartet es (...) die Brechung
des nationalsozialistischen Terrors aus der
Macht des Geistes. (...)

Frisch auf mein Volk (...)
Mit folgenden Worten endet der Text des
Flugblattes: ...unser Volk steht im Aufbruch
gegen die Verknechtung Europas durch den
Nationalsozialismus, im neuen gläubigen
Durchbruch von Freiheit und Ehre.

Die Geschwister Scholl wurden im Februar '43 verhaftet und am selben Tag hingerichtet. Über Widerstandsbewegungen und ihre mutigen Kämpfer - dass es sie überhaupt gegeben hat - hört man nicht viel in den Medien. Ihre Geschichte und das Los einzelner Personen ergibt keine *Schlagzeilen*. Das Aufspüren und Bestrafen der Kriegsverbrecher, der Zivilbevölkerung unverhüllt vor die Augen führen, was sie alles, Schreckliches, getan haben, fesselt die ältere Generation an das Fernsehen, die Zeitungen und Zeitschriften. Die jüngere Generation scheint sich fern zu halten von Ereignissen die sich zwischen '33 und '45 abgespielt haben. Wer nach dem Krieg geboren ist will die Trends der gegenwärtigen Zeit ausleben, kann auch bei bestem Willen, weder verstandes- noch gefühlsmässig sich einleben in das, was *damals war* ...

Der Kern aller Kriege bleibt unbekannt. Zusammenhänge zwischen einzelnen Geschichtsabschnitten unsichtbar. Diese lassen sich zwischen den Zeilen lesen. Auch in Geschichtsbüchern, die chronologisch die historischen Ereignisse auflisten. Eine solche *Liste* ist jedoch noch nicht die vollständige Geschichte. Das Wichtigste, das Lebendige, das Zukunftsweisende liegt zwischen den (geschriebenen) Zeilen. Dieses muss man lesen wollen. Diktiert wird es einem nicht.

In meinem Leben mussten Jahrzehnte vergehen, bevor ich mich dafür zu interessieren begann. Ein neuer Krieg, der auf dem Balkan, führte mich zurück zu Fragen nach dem kriegsauslösenden Faktor, nach dem *Woher* der destruktiven, das Leben der Mitmenschen verachtenden Aggressivität und der mörderischen Gewalt. Ich fragte nach dem *Woher* der morbiden Lust gewisser Menschentypen an der Folter ihrer Mitmenschen. Derartige Gelüste sind weder Neuerscheinungen noch wurden sie durch den Führer des Zweiten Weltkrieges seinen *Untertanen* eingepflanzt. Sie waren schon immer da, nur scheinen sie jetzt, nicht nur auf Kriegsschauplätzen, bei gewöhnlichen Menschen auszubrechen. Die Saat zu dem, was später geschieht, liegt in unvollendeten Geschichten der früheren Kriege.

Nach jedem Krieg gibt es die Bemühungen der Friedensmacher, die aber wegen jenes *Unvollendeten* scheitern. Eine solcher *Geschichten* bleibt durch den Hang zum raschen Vergessen von dem was im Krieg geschah, *unvollendet*. Hinzu kommt, dass Menschen sich normalerweise keine Mühe geben wollen, das Zwiespältige der menschlichen Natur zu sehen und zu verstehen. Die interkulturellen und anderen, *innergesellschaftlichen* Spannungen dauern dann an, die Intoleranz gegenüber anderen, Andersdenkenden, die Überheblichkeit. Ganze *Kolonien* von menschenfeindlichen, selbstsüchtigen, nur auf den eigenen Nutzen abzielenden *Erregers* siedeln sich in jenen Teilen der Psyche die dem Bewusstsein verborgen bleibt.

Die Wahnvorstellungen machen sich breit, dass, wenn die Schuldigen von gestern, heute gefasst, verurteilt und bestraft sind, das Übel behoben sei. Es soll nie mehr passieren ! Und es passiert doch ... Nicht mehr in grossen, die Welteroberung anstrebenden Feldzügen, nicht mit Panzern und Soldaten. Es geschieht unter unseren Augen. Menschen werden *abgeschlachtet* auf vielen Ebenen. Nicht unbedingt mit Maschinengewehren, wohl aber durch Gleichgültigkeit, durch Verachtung ihrer Menschenwürde und dadurch, dass sie als *Ware* betrachtet werden und für Interessen anderer ausgenutzt.

Kleine Hitlers sind überall am Werk. Nicht mehr in Uniformen. Diese haben längst ausgedient. Auch Diktatoren haben kaum noch eine Zukunft. Sie werden abgesetzt, ihre Handlanger werden (manchmal) zur Verantwortung herangezogen und bestraft. Ich könnte jubeln: *Das Recht hat gesiegt! Endlich!* Tue es aber nicht, denn mit keiner Bestrafung, mit keiner geleisteten Genugtuung an die Opfer des Terrors, in welcher Form auch immer, ist der *Keim des Bösen* getroffen. Er wird immer wieder geboren, bis es in seiner vollen Wirkung und Bedeutung für den menschlichen Fortschritt erkannt wird ... (dünkt mich).

Als Kind konnte ich mir der Gefahr, die mir wie ein Damoklesschwert über meinem Kopf hing, nicht bewusst sein. Dass es eine Macht gab, die nicht nur mein Heimatland zu besetzen versuchte, sondern auch

meine Rasse, die Slawen, als minderwertig ansah und ich letzten
Endes zur Ausrottung oder Versklavung bestimmt war ... Dies hätte
ich damals nie erfassen können. Als der Krieg per 1. September 1939
mit dem deutschen Angriff auf Polen begann, war ich noch keine drei
Jahre alt. Innerhalb eines Monats nach dem deutschen Überfall
bestand Polen als Staatsmacht nicht mehr. Inzwischen war
Grossbritannien bereits im Krieg gegen Deutschland. Die ursprünglich
streng geheim gehaltenen Pläne Hitlers, *Rassenstärkung durch
Massenmord,* blieben seinem am Anfang Verbündeten, Stalin,
verborgen. Die Geburt *rassisch hochwertiger Kinder* sollte Hitlers
Anforderungen entsprechend gefördert, die Fortpflanzung
minderwertigen Lebens hingegen verhindert werden.

> *Was täte es dem keimenden Selbstbewusstsein
> eines Kindes an, wenn es wüsste, dass sein
> junges Leben als minderwertig, wertlos
> erachtet wurde? Mir und vielen anderen
> Kindern wurde dieses Wissen um die geheimen
> Absichten des teuflischen Diktators erspart.
> Ich kannte das Fürchten nicht.
> Wie viele Kinder und Jugendliche hingegen
> wussten oder ahnten, dass sie in den Tod
> getrieben wurden?*

Der Krieg gegen die Sowjetunion wurde nach dem Willen Adolf
Hitlers als *Kreuzzug* mit terroristischen Methoden geführt. Die
sowjetische Bevölkerung galt als *feindlich* und gegen sie sollten keine
Rücksichten beachtet werden. Das Damoklesschwert hing, ohne dass
sie es ahnten, über den Köpfen aller meiner Landsleute.

Dennoch - weil Hitlers wirkliche Absichten geheimgehalten wurden
und nach aussen hin die Feldzüge der Wehrmacht durch Propaganda
getarnt waren, empfingen die Russen in einem Teil der Bevölkerung,
die deutschen Truppen oft als *Befreier.* Der deutsche Überfall hatte
die Hoffnung auf die Befreiung vom Stalins Terror geweckt.

Frauen boten deutschen Soldaten Brot und Salz an, ein alter russischer Wilkommensbrauch. Heute kann ich weinen, wenn ich in der *Chronik des zweiten Weltkrieges* Berichte über damaliges Geschehen lese. Bei den Forderungen der Überlebenden des Holocausts und ihrer Angehörigen nach *finanziellen Kompensation ihrer Verluste*, überkommt mich ein ungutes Gefühl.

*Kann man auf Kosten derjenigen die
erschlagen, vergast oder durch Folter
gestorben sind, heute Geldsummen in Empfang
nehmen? Sich bereichern?
Kompensiert solches Geld die erlittenen
Verluste?*

Wäre das nicht ein Verrat an Verstorbenen?

Wie wäre es, denke ich weiter, wenn i c h heute eine *Kompensation* fordern würde, für den Mord an meinen Grosseltern und der schon früher erfolgten Konfiskation ihres Besitzes unter Stalins Herrschaft? Nein! Was verloren ist, kann ich nicht anfordern. Ich kann die Geschichte nicht zurückdrehen, zu dem zurückkehren, was einmal war. Ich muss sie tragen und ertragen. Nur dann haben meine Grosseltern ein würdiges Grab in meinem Herzen. Und war ihr Tod nicht umsonst. Sie haben damit für mein Überleben *bezahlt*. Wenn ich für ihr Leiden und gewaltsamen Tod heute Geld kassieren würde, wären nicht nur sie von mir verraten. Ich selbst wäre zum *ewigen Opfer* verdammt. Opfer können überleben, aber sie können nicht wirklich leben.

Der Überfall auf mein Heimatland war für das Frühjahr 19'41 vorgesehen. Im Juni '41 griffen die Deutschen, ohne Kriegserklärung, mit über 3 Mio. Soldaten an. Ein schneller Vormarsch und Eroberung waren geplant, aber die sowjetischen Truppen leisteten zähen Widerstand. Trotz der Tatsache, dass sie auf einen Angriff schlecht vorbereitet waren. Die Rote Armee war zahlenmässig stark aber schlecht gerüstet und ohne kompetente Führung, Strategie, Taktik. Dieser Stand der Dinge war die Folge der sogenannten *Säuberung* aus

den 30-er Jahren, als Stalin aus Angst vor einem Umsturz den grössten
Teil des Offizierskorps ermorden liess.

Der Angriff auf die Sowjetunion wurde von Hitler bereits Dezember
1940 befohlen (der Verrat an dem einstmals Verbündeten war damit
schon beschlossen). Die Sowjetunion sollte als Staatsgebilde
zerschlagen, in Vasallenstaaten aufgeteilt werden, die zur wirtschaft-
lichen Ausbeutung bestimmt waren. Was den Russen alles drohte,
wussten die Leute noch nicht. Bereits am 13. Mai 1941 genehmigte
Hitler alle Verbrechen an der Zivilbevölkerung. Es hiess wörtlich:

Für Handlungen, die Angehörige der
Wehrmacht und des Gefolges gegen feindliche
Zivilpersonen begehen, besteht kein
Vervolgungszwang, auch dann nicht, wenn die
Tat zugleich ein militärisches Verbrechen oder
Vergehen ist. (Chronik des zweiten Weltkrieges)

Doch, oh Wunder ...(oder ist es keines, vielleicht gehört es zu den
verborgenen Gesetzmässigkeiten des Lebens, dass dort, wo die grösste
Gefahr wächst, auch die Rettung nahe ist): Am Tage des deutschen
Angriffs auf die Sowjetunion erklärte Grossbritannien die UDSSR
zum Verbündeten. Die USA begannen mit Materiallieferungen an die
UDSSR. Die Vereinten Nationen wurden kurz darauf (August 1941)
gegründet. Die *Atlantikcharta* (weil auf zwei Schiffen, vom US-
Präsidenten Franklin D. Roosevelt und dem britischen Premier
Winston S. Churchill, erarbeitet) wurde verkündet. Darin wurden
gemeinsame Grundsätze für eine bessere Zukunft der Welt erarbeitet.
Dies wäre ohne die drohende Gefahr vielleicht nie zustande
gekommen.

Menschen verbünden sich in Zeiten der Bedrohung ihrer Existenzen?
Nein. Dort wo die höchsten Werte der menschlichen Existenz bedroht
sind, verbünden sie sich.

Kapitel 10

Der Stein, den ich in meine Hand nehme, nimmt ein wenig von meinem Blut auf und pulsiert.

Antonio Porchia

Wie viel nimmt ein Kind, unbewusst, von gesammelten Ängsten seiner Umgebung, in sich auf? Wie viel hatte ich innerlich, ab September 1941, in meinem 5. Lebensjahr, aufgenommen? Ohne dass ich äusserlich bemerkbar Angst verspürte. Die unbewusst eingeatmeten psychischen Substanzen blieben jahrelang auf dem Boden meiner Seele liegen, um viel später, im Erwachsenenalter, aktiv zu werden.

Dies äusserte sich dann bei Zeit und Weile in einer allgemeinen, irrationalen Ängstlichkeit, in Träumen, in denen ich von Feinden verfolgt wurde, deren Gesichtern ich nicht sehen konnte, und um mein Leben rennen musste. Alpträume erschütterten mich, in denen ich vom Schrecken erfasst, nicht mehr aufwachen zu können, um Hilfe zu schreien versuchte, mir aber die Stimme versagte.

Als Fünfjährige erlebte ich dies alles nie. Ich schien inmitten von unbeschreiblichem Schrecken und Not, welche die Belagerung von Leningrad und ihrer direkten Umgebung in der wir uns zu der Zeit befanden, mit sich gebracht hatte, unbeschädigt geblieben zu sein. Am 9. September 1941 erfolgte der erste Angriff auf die Stadt. Die ersten Bomben fielen und Lebensmittellager wurden in Brand gesetzt. Die Belagerung, die 900 Tage dauern sollte, hatte begonnen. Die

Bevölkerung sollte ausgehungert werden. Hitlers Taktik, die *enge Einschliessung Leningrads, und nicht seine Eroberung* anzuordnen, hatte schreckliche, tödliche Folgen. Die Hungersnot liess Menschen auf den Strassen umfallen. Ich muss die herumliegenden Körper auch in unserer Stadt (Zárskoje Selo, heute die Stadt Puschkin) gesehen haben, aber den ganzen Umfang der Tragödie erfasste ich als Kind noch nicht. Mein Schutzengel oder meine Mutter blendeten, irgendwie, jenen Teil meiner Wahrnehmung aus, die meine kindlichen Augen der vollen Realität hätten öffnen können. Um so stärker aber muss mein Unterbewusstsein gespeichert haben, was sich in meiner Nähe wirklich abspielte.

Den *Beweis* hierzu erhielt ich, als ich nach vielen Jahren mit einer Touristengruppe nach Russland reiste, dort Moskau und Leningrad besuchte. In Leningrad besuchten wir unter anderen Sehenswürdigkeiten auch das Denkmal, das die Zeit der Belagerung dokumentierte. Daneben wurde ein Friedhof für die namenlosen gefallenen Soldaten und anderen Verteidigungskämpfer, einschliesslich Zivilisten, errichtet. Im kleinen Gebäude des Denkmals, das auf einem kleinen Hügel stand, hingen Fotos an den Wänden, auf denen der damalige Zustand auf den Strassen der belagerten Stadt zu sehen war: Sterbende und gestorbene Menschen, *Halblebende*, die Handkarren zogen, auf denen Leichen geladen waren ... Kinder, die mit fragenden Blicken das *Wegbleiben* ihrer Mütter, Väter, Grosseltern, Geschwister, tränenlos zu beweinen schienen. Unter den Fotos waren Texte angebracht, die herzzerbrechend über eine *Wirklichkeit* berichteten, die einem heute Lebenden als vollkommen *unwirklich* vorkommen mussten. Es sei denn, man hat sie selbst erlebt.

Beim Anblick jener Dokumentation begann das Herz wie wild in meiner Brust zu schlagen und Tränen flossen aus meinen Augen. Tränen, die ich nicht zurückhalten konnte. Es war, wie wenn die Zeit sich zurückgedreht hätte, und ich dort war! Nicht im Leningrad (des Jahres 1984), nicht auf einer Touristenexkursion zu einem Denkmal, wo ich vor historischen Fotos an der Wand stand. Nein, ich war plötzlich *Teil* von dem, was sie zeigten. *Ich war dabei!* Jetzt aber des ganzen Ausmasses der von Menschen erlittenen Notsituation bewusst. Auf einmal brach der ganze Schmerz der mir unbekannten Anderen (den ich damals unbewusst, wie unter einer Narkose *aufgesogen* hatte), aus mir heraus.

Ich distanzierte mich von der Gruppe, versuchte ein Plätzchen zu finden, wo ich *in Ruhe* meinen Tränen freien Lauf lassen könnte. Einige Schritte weiter von dem kleinen Museum entfernt, brannte vor dem Eingang zum Friedhof zu Ehren der Namenlosen das *ewige Feuer*. Dort blieb ich stehen und weinte um alle mir Unbekannten, die in der Verteidigung ihrer Stadt, ihres Heimatlandes (das auch mein Heimatland war) ihr Leben lassen mussten. Am liebsten wäre ich den Weg in den Friedhof hinein und bis an sein Ende gegangen, hätte mich dort irgendwo hingesetzt, um eine Weile allein sein zu können. Allein, mit den von jenen Namenlosen gebrachten Opfern ... Allein, mit meiner Dankbarkeit, dass ich überleben durfte ... Allein, mit einem, durch das Herzklopfen und die Tränen hindurch, plötzlich, wie aus weiter Ferne, leise als folgt erklingenden *Ruf:*

> *Mensch ... d u bist am Leben geblieben ...*
> *Es war dir vergönnt, dem Inferno zu*
> *entfliehen. Erkenne jetzt, deine Aufgaben im*
> *Leben. Aufgaben, deinen Mitmenschen und der*
> *Welt gegenüber. Erkenne die Pflichten und*
> *Verantwortlichkeiten der wahren*
> *Menschlichkeit, zu denen dich niemand zwingt*
> *und die nur von dir, freiwillig erfüllt und*
> *getragen werden können.*
> *Erinnere dich der Werte, die für ein*
> *menschenwürdiges Leben in der Gesellschaft*
> *bürgen. Werte, für die so viele*
> *Widerstandskämpfer, nicht nur gegen das*
> *Nazideutschland, sondern auch gegen andere*
> *Diktaturen, gefochten haben und gestorben*
> *sind ...*

In solchen Kämpfen verschwinden die nationalen Differenzen. Der
Mensch, der sich dazu gerufen fühlt, und auf den *Ruf* eingeht,
verpflichtet sich der ganzen Menschheit. Die Männer und die Frauen
sind dann keine *Deutschen, Russen, Briten, Amerikaner, usw.* Sie tun,
was sie tun müssen, nicht nur für ihr Land, ihre Rasse, ihr Volk.
Solche Menschen sind moderne Helden und Heldinnen. Viele von
ihnen Namenlose. Meine Gedanken schwebten in dem Moment
zwischen den in Russland, in Deutschland, und in anderen Ländern
Gefallenen. Das *ewige Feuer* brannte in meinem Gefühl für sie alle.
Ich wäre an dem Ort länger geblieben, aber das Touristenprogramm
liess es nicht zu. Andere Sehenswürdigkeiten warteten auf uns. Wir
mussten weiter. Aber auch so hatte ich genug gesehen und gefühlt.
Es bestand für mich kein Zweifel, dass ich im Kindesalter die
Belagerung Leningrads (und sei es nur am Rande) miterlebt hatte.
Leningrad - die einst so wunderschöne Stadt! Die Heimatstadt meiner
Mutter, wo sie jung gewesen, zur Schule gegangen ist ... Wovon sie
als ältere Frau, im fremden Land, immer wieder geschwärmt hat.

Eine gleichbedeutende, wesentliche Erfahrung, hatte mich schon
zuvor, kurz vor der ersten Rückreise in mein Heimatland, tief
erschüttert. Das Land hiess noch immer *Sowjetunion*, öffnete aber, im
Rahmen von *Perestroika*, seine Tore weiter für den Fremdenverkehr.
Ich hatte die Reise für uns drei, meinen Mann, meinen jüngsten Sohn
(damals 17) und mich bereits reserviert und freute mich darauf. Am
selben Abend erlitt ich in der Küche einen Unfall. Ich schnitt mir
ziemlich tief in den Finger. Das Blut floss reichlich, und mein Mann
leistete erste Hilfe. Dabei drohte mir mehrmals, in Ohnmacht zu
fallen. *Was für ein Unsinn*, sprach ich zu mir selber und ich wehrte
mich mit allen Kräften gegen den Verlust des Bewusstseins. Es
gelang. Mit verbundenem Finger ging ich an meine Arbeit in der
Küche zurück. Ich kochte und wir assen zu Abend. Danach sagte ich
zu meinem Mann, ich wolle mich kurz hinlegen. Auf dem Bett liegend
wurde ich plötzlich von Weinkrämpfen erschüttert, wie ich solche
noch nie erlebt hatte. Ich schluchzte ununterbrochen, und dies länger
als eine Stunde. Zu meinem Gatten, der hilf- und ahnungslos an
meinem Bettrand sass, meine Hand hielt, und mich vergeblich fragte,

was den los sei, konnte ich einmal nur sagen : *Lass mich ... frag nicht.*
Ich wusste es selber nicht.

Am späteren Abend, als mein Zustand sich noch immer nicht beruhigt
hatte und ich beim Versuch meines Mannes mir den Verband zu
wechseln, wieder die Ohnmachtsnähe spürte und keine Manipulation
an meinem Finger zulassen konnte, wurde ich dann doch zu unserer
Hausärztin gebracht. Mein Mann rief sie an, berichtete über das
Geschehene. Sie sagte: „bringen sie ihre Frau sofort zu mir". Es war
ca. 22 Uhr. Ich schämte mich dafür, dass ich wegen einer solchen
Kleinigkeit, einem blossen Schnitt in meinen Finger, die Dienste einer
Medizinerin in Anspruch nehmen sollte. In der Praxis der Hausärztin
angekommen, begann ich mich dafür zu entschuldigen. Es war mir
ganz und gar nicht wohl dabei, sie um solche Uhrzeit zu stören. Sie
aber unterbrach meine Entschuldigungen, hiess mich hinsetzen und
erklärte mir, dass an den Fingerspitzen viele Nerven zusammen-
kommen, und dass es darum gar nicht ungewöhnlich sei, wie ich auf
den dort erfolgten Schnitt reagierte. Jene Nervenstränge - verstand ich
weiter - *berührten*, bzw. hatten eine direkte Wirkung auf das
Seelische. Ich atmete auf, liess mich frisch verbinden, diesmal ohne
Ohnmachtsneigungen.

Zuhause zurück ging ich direkt ins Bett. Kaum war ich in den Schlaf
gefallen, ging es los: Fürchterliche Träume, die ich wie im Wach-
zustand wahrnahm. Szenen von Exekutionen, Verfolgung, Folter
wechselten sich ab mit solchen von Menschen die, verzweifelt, von
extremer Angst getrieben, dem Terror zu entkommen versuchten.
Menschen, die mir total unbekannt waren. Ich war in jenem Traum-
geschehen mittendrin und spürte am eigenen Leib, in der eigenen
Seele, ihre Ängste und ihre Ausweglosigkeit. Von einem kaum
erträglichen Mitgefühl ergriffen, war ich machtlos, wollte um Hilfe
schreien, und wusste zugleich, dass es keine Hilfe gab. Dieser
Bilderablauf dauerte bis in die frühen Morgenstunden an. Irgendwann,
zwischendurch, kamen mir Worte ins Bewusstsein: *Revolution ...
1917.* Sah ich Bilder aus der Oktoberrevolution 1917? Aus Zeiten wo
ich noch nicht geboren war ?! Wie könnte dies möglich sein?

Eine denkbare (mögliche) Antwort dämmerte mir in derselben Nacht, nachdem ich aus dem Wachträumen zum gewöhnlichen Tagesbewusstsein erwachte:

Natürlich! Deine Eltern und Grosseltern haben jene schwere Zeit mitgemacht. Und obwohl du sie nie darüber sprechen gehört hast, ist vieles von dem was sie in ihren Seelen eingeschlossen hatten (die durchlebten Schmerzen, Ängste, usw.) -- durch deine Nähe zu ihnen -- in deine Kinderseele hinein gedrungen. Seitdem trägst du es in dir. Die Ängste, die du manchmal spürst, ohne dass es dafür einen Grund gäbe, sind deine Ängste nicht. Und wenn du nichts dagegen unternimmst, vererbst du sie auf deine Kinder.

Ich erinnere mich, dass Mutter mich anflehte, nie wieder nach Russland zurück zu reisen. Sie stellte sich vor, dass dort Schreckliches mit mir passieren würde. In den frühen Morgenstunden, nach der nächtlichen *Filmvorführung*, ging ich mit mir selbst in Beratung: Die Reise war nur noch unverbindlich reserviert. Ich konnte sie annullieren (plötzlich fürchtete ich mich selbst vor ihr). Diese Perspektive gab mir eine momentane Ruhe. Aber wenn ich dies täte, würde ich die Gelegenheit verpasst haben, jene in mir lebenden, vermutlich fremden Ängste zu verarbeiten, sie zu transformieren. Schon meiner Kinder wegen, spürte ich, musste ich reisen! Nein, nicht musste, wollte. Aus freiem Entschluss dazu. So könnte ich, vielleicht, in aller Bescheidenheit, einen winzig kleinen Teil der abgelaufenen Kriegsgeschichte meines Landes umwandeln. Verhindern, dass meine Ängste, die meiner Mutter und ihrer Eltern Ängste waren, sich weiter *fortpflanzten*. Am selben Tag noch bestätigte ich die Reisereservation. Dann fiel mein Blick zufällig auf den Kalender. Oktober ... war das Datum des vorigen Tages, an dem Blut aus meiner Fingerspitze geflossen war, *zufällig* auch das Datum der Oktoberrevolution in 1917? Plötzlich *verstand* ich mein unkontrollierbares Schluchzen, und was ich dabei fühlte, ohne es sagen zu können. Ich schluchzte um alle Menschen, die verfolgt, hingerichtet, gequält, deportiert wurden!

Menschen, echte, gibt es in allen Völkern. *Unmenschen, Ungeheuer,* auch. Der Unterschied wird in Zeiten der extremen Not sichtbar, wenn beides, das Gute und das Schlechte, unverhüllt, ihr Antlitz zeigt. Erst im Januar 1943 gelang es der Roten Armee, eine Landverbindung zum seit dem 8. September 1941 belagerten Leningrad herzustellen. Nach einem Jahr und drei Monaten trafen die ersten Eisenbahnzüge mit Lebensmitteln und Bekleidung in der Stadt Leningrad ein.

> *Am Bahnhof der von Hunger, Entbehrung und fast täglichen Bombardements ausgezehrten Stadt spielten sich unbeschreibliche Szenen der Begeisterung ab: Frauen und Kinder, Arbeiterdelegationen und Soldaten, begleitet von Musikkapellen, nahmen an den Bahnsteigen Stellung, um die in ihre Stadt einfahrenden Züge mit Versorgungsgütern zu begrüssen.* (Chronik des zweiten Weltkrieges)

Im Januar 1944 wurde endlich die 900 Tage dauernde Belagerung durch den Einsatz der Roten Armee beendet. Die deutsche Armee wurde zum Rückzug gezwungen.

> *Die Zahl der Einwohner die sich nahezu geschlossen an der Verteidigung aktiv beteiligten, hatte im September 2941 drei Millionen Menschen betragen. Während dieser grössten und längsten Belagerung, die je eine moderne Stadt aushalten musste, starben etwa 900.000 Menschen, viele an Hunger und Kälte, durch Granaten oder Bomben. Die Stadt konnte die meiste Zeit nur im Winter über den gefrorenen Ladogasee versorgt werden.*

Derselbe Winter, dem die dafür schlecht ausgerüsteten deutschen Armeen zum Opfer fielen. *Grossväterchen Frost,* wie er in Russland volkstümlich genannt wird, hatte seine Macht gezeigt.

Mit dem Rückzug der Deutschen begann auch für uns, und viele andere, im stalinistischen System *unerwünschte Personen,* die Fluchtodyssee. Ich war acht als unsere Flucht begann. Öffentliche Schulen kannte ich noch nicht. Die Aussicht auf eine Zukunft, in der ein Mensch nur wegen seiner Herkunft und früheren sozialen Standes seiner Familie, als *Volksfeind,* zu jeder Zeit verhaftet, wegen eines Scheinverbrechens verurteilt und nach Sibirien deportiert, wenn nicht gnadenlos umgebracht werden konnte, war für viele unerträglich. Gegenüber einer solchen Perspektive waren alle Risiken der Flucht der Mühe wert. Gegenüber uns, den Flüchtlingen, waren die sich zurückziehenden Deutschen denen wir begegneten, keineswegs feindlich gesinnt. Sie halfen uns auf unserem *Pilgerweg* in den Westen, nahmen uns mit auf ihren Lastwagen, waren vermutlich froh, dass sie selbst noch lebten. Freundschaften entstanden, auf gewöhnlicher, zwischenmenschlicher Basis. Es gab nichts Rassendiskriminierendes mehr.

Waren wir, ehemaligen Bürger und Bürgerinnen der Sowjetunion, *Verräter* unseres Volkes und Landes? Nein, denn unser Land war Russland, nicht die Sowjetunion. Unsere Lebensprinzipien waren andere als die durch den Diktator Stalin vorgeschriebenen. Aber jenes Russland das wir liebten, gab es nicht mehr. Wir verzichteten auf die Staatsangehörigkeit eines Staates, der uns zu *Volksfeinden* abstempelte und uns jagte. Die deutschen Soldaten und ihre Offiziere waren auch Opfer eines Systems das sie indoktriniert, ihre Gehirne gewaschen hatte.

Viele erkannten die Wahrheit, was aus späterer Berichterstattung hervorging. Sie schämten sich ihrer Taten, bereuten, was sie in blindem Gehorsam getan hatten.

Kapitel 11

**Sie glauben, dass Sich-Bewegen Leben ist.
Und sie bewegen sich, nicht um zu leben. Sie
bewegen sich, um zu glauben, dass sie leben.**

Antonio Porchia

*Die andere Seite des Krieges wird nach dem
Kriege bekannt. Jene andere Seite des
menschlichen Wesens, die so oft unter
menschenunwürdigen Bedingungen erwachen
kann. Und in Kriegszeiten tatsächlich
erwachte! Der Wohlstand, der nach dem Krieg
in verhältnismässig kurzer Zeit in
europäischen Ländern erlangt wurde, schien
der weiteren Entwicklung jener menschlichen
Seite eher entgegen gewirkt als sie gefördert
zu haben. Mit jedem Mehr an Besitz und
Macht wächst auch die Selbstsucht.
Die nur die eigene Person kennende
Einstellung verstärkt die Neigung,
Mitmenschen und die natürlichen Ressourcen
für eigene Zwecke auszunützen.*

In der Sowjetunion wollte Stalin die Klasse aller Wohlhabenden
ausmerzen. Ihre Güter wurden beschlagnahmt, doch das Volk ging
leer aus. Selbstverständlich gab es in der früheren, sogenannten
gehobenen Klasse des landesbesitzenden Adels solche, die ihre
Positionen und ihre Macht missbrauchten. Solche, wie es sie heute
auch gibt überall auf der Welt. Der Aufstand der Bauern, früher
Leibeigenen, ist nicht umsonst zustande gekommen. Die Unzufriedenheit des Volkes mit seinen Herrschern, die Revolte gegen
das autokratische System, ging Hand in Hand mit der beginnenden
Emanzipation des einfachen Mannes, der einfachen Frau, von der über
ihr Schicksal bestimmenden, höheren Autorität. Im Gegensatz zu den

Aristokraten, der zahlreichen Günstlinge der Zaren und Zarinnen, und anderen *Mitregierender ...* (so z.B. der Bauer Rasputin, der die letzte Zarin und, durch sie, auch ihren Gatten, total in seiner Gewalt hielt), kannte der *einfache Mensch* nur das eine: Dienen, und schweigend alles ertragen, was ihm von *Oben* befohlen zur Pflicht gemacht worden war. Die Unzufriedenheit des Volkes hatte schon viel früher ihren Anfang genommen. Sie *pflasterte* für die Bolschewiken den Weg zur Machtübernahme. Der *blutige Sonntag* im Januar 1905, an dem vor dem Winterpalast in St. Petersburg, eine friedliche Demonstration von hungernden Menschen, vom zaristischen Militär zusammen-geschossen wurde, markierte definitiv den bevorstehenden Niedergang der Autokratie. Die Revolution wurde durch das (unver-zeihliche) Verbrechen des letzten Zaren - dem Befehl zum Schiessen auf seine eigenen Untertanen - unwiderruflich in Gang gesetzt.

Befahl nicht auch Hitler, kaltblütig, die Erschiessung seiner eigenen Leute, weil er eine unumschränkte Staatsgewalt in seiner eigenen Hand halten wollte? Die Autokratiegelüste verschwinden nicht einfach aus der menschlichen Gesellschaft. Sie nehmen andere Formen an, verstecken sich unter neuen Masken, und bleiben aktiv. Bis, vielleicht wieder, ein potentieller Diktator erscheint, der mittels seines raffinierten rhetorischen Talents und vielen wundersamen Versprechen, die Masse zu beeindrucken und zu unterwerfen vermag. Falls sie, die Masse, leichtgläubig, naiv, *bewusstlos*, sich zu allem bewegen lässt, was ihr von *Oben* eingeflüstert, angeordnet wird ...

Auf Anordnung der heutigen *Kriegsführern* geht das Morden weiter. Nicht mehr so *sensationell* zwar wie im zweiten Weltkrieg. Das Kriegsgeschehen hat sich auf kleinere Bürgerkriege verteilt. Es hat sich wie Metastasen eines Krebsgeschwürs über die ganze Erde erstreckt. Anderseits: Je mehr Terror eine Kriegführung an den Tag legt, um so mehr Widerstand wird durch sie erzeugt. So geschah es auch in Nazideutschland, wo ein Teil der Bevölkerung aus ihrem, durch Propaganda künstlich erzeugten *Schlaf* erwachte, und ihre Gehorsamkeit an das Regime kündigte. Es gab Oberbefehlshaber, die ihre Posten niederlegten, Soldaten, die den Dienst verweigerten. Viel nutzte es zwar nicht, weil Offiziere, die sich Hitlers Befehlen widersetzten, durch linientreue Kommandeure ersetzt wurden. In der damaligen zaristischen Armee hat es ähnliche Aufstände gegeben. In Dezember 1825 wurden 3000 Soldaten von ihren Offizieren zur Eidesverweigerung aufgerufen. Auch sie wurden hingerichtet.

Dennoch: Mit jeder Befehlsverweigerung wurde ein Keim für die Zukunft gelegt. Zum selbstbewussten Handeln, in eigener Verantwortung und Freiheit. Oder zu den *Vier Freiheiten des Menschen,* wie sie vom US-Präsidenten Franklin D. Roosevelt, im Januar '41 formuliert wurden:

> *Die erste Freiheit ist die Freiheit der Rede und*
> *der Meinungsäusserung ... Die zweite Freiheit*
> *ist die Freiheit eines jeden, Gott auf seine*
> *Weise zu dienen ... Die dritte Freiheit ist*
> *Freiheit von Not ... wirtschaftliche*
> *Verständigung, die für jede Nation ein*
> *gesundes, friedliches Leben gewährleistet ...*
> *Die vierte Freiheit ist Freiheit von Furcht ...*
> *weltweite Abrüstung ... (so) dass kein Volk*
> *mehr in der Lage sein wird, irgendeinen*
> *Nachbarn mit Waffengewalt anzugreifen.*
>
> *Welch ein schönes und immer noch fernliegendes Ideal!*

Der Krieg war furchtbar. Die angeordnete, und von Menschen verübten Grausamkeiten unvorstellbar. Das Verbrechen am Menschen unermesslich. Und doch: die Kriegsjahre erwiesen sich für viele als individuelle *Geburtsstunde* eines neuen Bewusstseins. In Hitlers Generalstab, die Stunde der frei geäusserten Kritik, der Auseinandersetzung mit seinen Befehlen durch seine Generäle. Der Fortschritt der Menschheit scheint mit Riesenfehlern erkauft zu werden. Das Lernen daraus geschieht danach. Wenn es geschieht ... Wann sonst, wenn nicht am Ende einer verlorenen Schlacht, in ausweglosen Situationen, dem Tod in die Augen schauend, werden junge Menschen zu Gedanken bewegt wie sie (auszugsweise) aus folgenden Briefen deutscher Soldaten, die bei Stalingrad, im Dezember 19'42 eingekesselt waren, hervorgehen?

... Du weisst, wie ich zu Dir stehe, Augusta; über unsere Gefühle haben wir wenig oder gar nicht gesprochen; ich liebe Dich sehr und Du liebst mich, und darum sollst Du die Wahrheit wissen ... Die Wahrheit ist das Wissen um den schwersten Kampf in hoffnungsloser Lage. Elend, Hunger, Kälte, Entsagung, Zweifel, Verzweiflung und entsetzliches Sterben. ... Meine persönliche Schuld an den Dingen ist nicht abzuleugnen. Aber sie steht im Verhältnis von 1 zu 70 Millionen, das Verhältnis ist klein, aber es ist da. Ich denke nicht daran, mich um die Verantwortung herumzudrücken, und ich argumentiere so, dass ich durch die Hingabe meines Lebens die Schuld beglichen habe ...

***

... In Stalingrad die Frage nach Gott stellen heisst, sie verneinen. Ich muss Dir das sagen, lieber Vater, und es ist mir doppelt leid darum. Du hast mich erzogen, weil mir die Mutter fehlte, und mir Gott immer vor Augen und die Seele gestellt. Und doppelt bedaure ich meine Worte, weil es meine letzten sein werden ... Du bist Seelsorger, Vater, und man sagt in seinem letzten Brief nur das, was wahr ist oder von dem man glaubt, dass es wahr sein könnte. Ich habe Gott gesucht ... Gott zeigte sich nicht, wenn mein Herz nach ihm schrie. Die Häuser waren zerstört, die Kameraden so tapfer oder so feige wie ich, auf der Erde war Hunger und Mord, vom Himmel kamen Bomben und Feuer, nur Gott war nicht da. Nein, Vater, es gibt keinen Gott ...

***

... Du warst mein bester Freund, Monika. Du hast Dich nicht verlesen. Du warst es. ... Dieser Brief wird 14 Tage brauchen, um zu Dir zu kommen. ... Ringsherum bricht alles zusammen, eine ganze Armee

76

stirbt, der Tag und die Nacht brennen. ... Ich verstehe nicht viel vom Krieg. Von meiner Hand ist kein Mensch gefallen. Ich habe noch nicht einmal mit meiner Pistole scharf geschossen ... Ich hätte noch gern ein paar Jahrzehnte die Sterne gezählt, aber damit wird es nun wohl nichts mehr werden.

***

Sechsundzwanzigmal habe ich Dir schon aus dieser verfluchten Stadt geschrieben, und Du hast mir mit siebzehn Briefen geantwortet. Nun schreibe ich noch einmal, und dann nicht mehr. ... Ich nehme Abschied von Dir, weil die Entscheidung seit heute morgen gefallen ist . ... Es kann noch ein paar Tage dauern oder ein paar Stunden. ... Du wirst im Januar 28 Jahre alt, das ist noch sehr jung für eine so hübsche Frau ... Du wirst mich sehr vermissen, aber schliesse Dich trotzdem nicht ab von den Menschen. Lass ein paar Monate dazwischen liegen, aber nicht länger. Denn Gertrud und Claus brauchen einen Vater . ... Sieh Dir den Mann, auf den Deine Wahl fällt, genau an und achte auf seine Augen und seinen Händedruck, so wie das bei uns der Fall gewesen ist, und Du wirst Dich nicht täuschen. Vor allem eins, erzieh die Kinder zu aufrechten Menschen, die den Kopf hoch tragen und jedem frei ins Angesicht blicken können. ... mach Dir keine Sorgen, ich habe keine Angst vor dem, was kommt.

***

(Aus der Chronik des zweiten Weltkrieges)

Dezember 1942 war die Zeit, in der die Siege der Deutschen zu Ende gingen. Die Lage an den Fronten war alles andere als die, die durch Hitlers Propaganda an sein Volk verkündet wurde. Den verzweifelten Kampf der seit dem 22. November bei Stalingrad eingeschlossenen Armee, ignorierte er bewusst.

Die vorübergehenden Siege der Angreifer, wie immer sie auch heissen, und wo auch immer sie stattfinden, gehen irgendwann immer zu Ende. Sterben, in Kriegszeiten, kann ein Mensch auf vielerlei Weisen: Als unschuldiges Opfer, total unbewusst. Zum kriegerischen Verbrechen, durch eine Übermacht gezwungen und vom *Feind* besiegt. Als Deserteur oder Befehlsverweigerer erschossen. Oder auch: Als bewusst sein Leben riskierender (und dieses auch verlierender), gegen ein totalitäres System kämpfender Mensch.

In *Friedenszeiten* ist das Bewusstsein der Menschen, im allgemeinen, gedämpft. Der Durchschnittsmensch stirbt meistens *unbewusst*, ohne sich näher mit seiner persönlichen Biographie, im Kontext der Geschichte seiner Zeit auseinandergesetzt zu haben. Es scheint eine ungeschriebene Gesetzmässigkeit zu sein, dass in Krisenzeiten die Erfahrung einzelner Individuen und Gruppen, an der Grenze zwischen Leben und Tod, und ihr geistiges Erwachen, den Impuls zu einer weiteren Menschheitsentwicklung geben. Eine Möglichkeit ... um darüber nachzudenken. Viele *sterben* jedoch bereits *im Leben*. Weil sie jeder Manipulation durch andere zugänglich sind. Die Konsumpropaganda der heutigen Strategen, die *Gehirnwäsche* zur raschen Befriedigungssucht aller Triebe, die Suggestion, dass *alles möglich sein müsste, was das Herz begehrt ...* Dies alles reduziert das Individuum auf einen leicht zu beherrschen *Automaten.*

Wie konnte der moderne Mensch dem ausbeuterischen Materialismus so radikal verfallen? Wie ist es möglich, dass im 3. Jahrtausend der *Geist der Anklage* nach wie vor so populär ist, der Vergeltungstrieb, die Rachegefühle aktiv bleiben, und somit die - seit Urzeiten bestehende Selbsttäuschung, dass *danach*, (wenn alles gerächt ist, die *Schulden* eingetrieben sind), alles besser wird?

Das Rad der Geschichte dreht und wiederholt sich. Die ehemaligen *Macht-haben-wollenden* verschwinden keinesfalls von der Erdoberfläche. Sie leben in ihren Nachfolgern, die mit Schafpelzen überzogen, neue Positionen im Weltgeschehen okkupieren. Von dort geht der Krieg, weil er nie beendet wurde, weiter. In *entwickelten*, modernen, wirtschaftlich stabilen Ländern, richtet er sich jetzt gegen das im Individuum schlummernde, höhere, geistige Potential. Der Angriff erfolgt auf die Entfaltung des freien, selbständigen Denkens, und verhindert den Einsatz eines von Affekten möglichst ungetrübten Willens, und des Mitgefühls. Das *Territorium* des neuzeitlichen Krieges ist das weite Gebiet der menschlichen Seele und des Geistes. Der gefährlichste Krieg aller Zeiten, weil die *Verteidigungslinien* gegen die meistens unsichtbaren Angreifer schwach oder überhaupt nicht bemannt sind.

Zur Zeit meiner Kindheit war der *Feind* physisch sichtbar, in seinen Machenschaften erkennbar. Einem solchen Feind Widerstand zu leisten war eine lebensgefährliche Sache, aber sie war praktisch möglich. Einer der vielen Kämpfer gegen den Kommunismus war mein späterer Stiefvater, der Mann, den Mutter in Deutschland, kurz vor dem Ende des Krieges, traf. Er trug zu jener Zeit zwar die deutsche Uniform, mit darauf seine Offiziersabzeichen, war aber nicht Hitlers Vernichtungsplänen verpflichtet. Die *Weisse Freiwillige Russische Armee* hatte sich nach der Zerstörung des Zarenreiches und Übernahme der Macht durch die Bolschewiken formiert. Ihr gehörten ehemalige, dem Zaren nach wie vor treu gebliebene Offiziere und Soldaten an. Sie sahen in der Gelegenheit, an der Seite der Wehrmacht zu kämpfen die Chance, einer Offensive gegen die von ihnen verhassten *Roten* zu führen. Zu den Kommandeuren der Wehrmacht sagten sie, als sie sich ihr anschlossen: *Wir kämpfen nicht für euren Hitler, aber wir helfen euch gegen den Kommunismus.*

Dass eine blinde Treue einem früheren Herrscher (dem russischen Zaren) gegenüber, Menschen für ihre Wahrnehmung anderer Dinge ebenso *verblenden* kann, konnte sich tragischerweise erst viel später erweisen. Hätten die vielen, mit Heldenmut ausgerüsteten Männer der

Weissen Freiwilligen Armee (die nur von ihrer *heiligen Pflicht* getrieben, ihr Land und Volk vom Kommunismus zu befreien) damals von den geheimen Plänen Hitlers, ihr Land auf eine noch schlimmere Weise zu besetzen und zu knechten, gewusst, wären sie höchstwahrscheinlich nie bereit gewesen, an der Seite der deutschen Armee zu kämpfen. Solche sind die Fehler, durch welche spätere Bewusstwerdung, von denjenigen die am Leben geblieben sind, gewonnen wird.

Der Ursprung der *Weissen Freiwilligen Armee* liegt Jahrhunderte zurück, in der Geschichte der russischen Kosaken. Die Kosaken waren ursprünglich Geächtete, bewaffnete Reiter, die ihre eigenen Gesetze schrieben, und die sich erst im 17. Jahrhundert dem Moskauer Zaren unterstellten. Ihre Bravour in allen Schlachten machten aus ihnen den meist gefürchteten Teil des zaristischen Militärs aus. Der Armee der *Weissen,* der *Weissen Garde,* der auch Kosaken angehörten und die bereits 1919, nach der Ermordung des letzten Zaren und seiner Familie, eine Offensive gegen die Bolschewiken versuchte, schloss sich auch mein Stiefvater an. Da er den Zaren Nikolaus II persönlich gekannt hatte, ihn nur von einer Seite - die der Güte - kannte, glaubte er in seiner Treuherzigkeit an des Zaren weisheitsvolle Führung und - wie viele Russen dies auch glaubten - an seine ihm von Gott erteilte Autorität. Die Autokratie der russischen Monarchen war für ihn in Ordnung. Das Volk brauche sie, war seine Überzeugung. Weil es sich selbst nicht regieren könne .... Sein Idealismus, in der Verherrlichung der Monarchie, und seine Abscheu vor dem Kommunismus, machten auch aus ihm einen verbissenen, sein Leben nicht schonenden, Kämpfer. Er selbst war zu jeder Zeit bereit, für seinen geliebten Zaren zu sterben Für das Oberkommando der Wehrmacht mussten solche *Helfer* schlussendlich sehr willkommen gewesen sein, und so wurden auch meinem Stiefvater für seine Tapferkeit mehre Orden verliehen.

> *Welch eine Ironie und Tragödie zugleich, dass*
> *in der Hitze des Krieges, die ebenso erhitzten*
> *Gemüter der einseitig denkenden Krieger,*
> *trotz ihres besten Glaubens an die Richtigkeit*

ihrer Feldzüge, am Ende doch scheitern
mussten. Nur wenige kehrten zurück ...

Manche Überlebenden, Zivilisten und auch frühere Militaristen, erkannten im Laufe der Nachkriegsjahre, was sie vergessen hatten: den Menschen wahrzunehmen. An ihrer eigenen sowohl als auch an der anderen, *feindlichen Seite!* Viele haben dies nie erkannt. Und weil noch so viele aus der Geschichte nichts gelernt haben, (vielleicht weil die Geschichte keine gute Lehrmeisterin ist) müssen Kriege, sich so lange fortsetzen, bis dies geschieht. Auf anderen Wegen. Vielleicht greift Gott deswegen nicht ein.

Das *Licht* des individuellen Bewusstseins müsste heute vermehrt *aufleuchten*. Wenn es versagt, dann ist der Mensch schutzlos jedem *Ungeheuer* ausgeliefert, das über ihn verfügen möchte. Das Bewusstsein kann jedoch nur individuell aufleuchten. Nicht in der Masse, und nicht auf einmal. So hat es auch beim KZ-Kommandant, Rudolf Höss, in Auschwitz, kurz aufgeflackert. Er schrieb '46/'47 in polnischer Gefangenschaft: (Auszug aus Chronik des zweiten Weltkrieges)

Diese Massenvernichtung mit allen
Begleiterscheinungen ging nun nicht einfach
so ... über die dabei Beteiligten hinweg.
Wohl allen ... wie auch mir selbst, haben diese
Vorgänge genug zu denken gegeben. ...
Ich musste mich, um die Beteiligten zum
psychischen Durchhalten zu zwingen,
felsenfest von der Notwendigkeit der
Durchführung des grausam-harten Befehls
überzeugt halten. ... Musste kalt zusehen, wie
die Mütter mit den lachenden oder weinenden
Kindern in die Gaskammern gingen. ...
Einmal waren zwei kleine Kinder so in ihr
Spiel vertieft, dass sie sich absolut nicht von
ihrer Mutter wegreissen lassen wollten. ...
Den um Erbarmen flehenden Blick der Mutter,

die bestimmt wusste, was geschieht, werde ich
nie vergessen. ... ich musste handeln.
Alles sah auf mich - ich gab dem
diensthabenden Unterführer einen Wink, und
er nahm die sich heftig sträubenden Kinder
auf die Arme und brachte sie mit der
herzzerbrechend weinenden Mutter in die
Kammer. ...

Der Reichsführer SS Heinrich Himmler
schickte verschiedene höhere Partei- und SS-
Führer nach Ausschwitz, damit sie sich die
Vernichtung der Juden ansähen ... Einige, die
vorher sehr eifrig über die Notwendigkeit
dieser Vernichtung dozierten, wurden beim
Anblick ... doch ganz still ...

Eine Wiederholung der (russischen) Geschichte lässt sich am Übergang von der zaristischen Autokratie zum Alleinherrscher Stalin feststellen. Eine andere ist in dieser Zeit im Gange ... Wenn man die Horrorgeschichte des Krieges einfach vergisst, verliert man aus dem Gedächtnis auch die Momente der Liebe und der Freude, die gerade dort, wo man sich an nichts festhalten konnte, und nichts mehr - nicht einmal eine Staatsangehörigkeit - besass, erlebt hatte. Wenn alle Sorgen um den materiellen Besitz, sozialen Status oder welche auch immer *Wichtigkeiten* der vergangenen Zeit wegfallen, wenn niemand sich mit irgendwelchen Titeln schmücken, keiner Privilegien sich rühmen kann ... dann bleibt nur noch das nackte Selbst zurück. Darin, (nicht nur in der Brust) schlägt das Herz, und, anders als in *Friedenszeiten,* wo es vom Intellekt unterdrückt, kaum Raum zum *sprechen* bekommt, *spricht* es oft eindeutig und klar. Unter solchen Umständen konnte man, wie es damals tatsächlich geschah, einander aus dem *Nichts* beschenken, und sich am Geringsten erfreuen. Die Prioritäten wurden anders gesetzt.

Kapitel 12

**Meine Seele hat alle Alter, nur eins nicht:
das meines Körpers.**

Antonio Porchia

Zu Mutters Tatsachenbericht:

*Es war erst in den Jahren 1981/82, dass
Mutter sich auf meine Bitte hin dazu
entschlossen hatte, mir aus ihrem Leben, vor
und während des Krieges, zu erzählen. Sie
schrieb mir in Raten, eine lange
Berichterstattung. Vieles deckte sich mit
meinen eigenen, zum Teil sehr lückenhaften,
Kindheitserinnerungen. Einiges ergänzte
diese. Anderes wiederum brachte ihr
persönliches Leben, so auch ihre erste Ehe mit
meinem leiblichen Vater, in ein mir zuvor
unbekanntes Licht. Zum Schluss erzählte sie
aus ihren jungen Jahren, im vor-
revolutionären Russland.*

Ich konnte ihre Schreiben lange Zeit nicht ganz durchlesen. Meine
eigenen Emotionen drohten mich zu überwältigen. Ich musste die
Blätter weglegen, um nicht weinen zu müssen. Ich legte sie sorgfältig
in eine Mappe. Für später . Wann ist *später...?* Wann ist der *richtige
Moment*, um sich mit dem, was heftige Emotionen, vielleicht auch
Schuldgefühle auslöst, zu konfrontieren? Für mich war es im Jahre
1998, beim Anfang der Arbeit an diesem Buch.

Mit zitternden Händen nahm ich ihre, in schöner Handschrift
verfassten Blätter aus dem Mäppchen in dem sie ca. sieben Jahre
geruht haben, heraus. Doch bevor ich mit einer konsequenten Lektüre
davon beginnen konnte, wollte ich ihr diesen Brief in die geistige Welt
senden:

Mama ...

*Ich bin Dir, während Du lebtest, oft und viel
schuldig geblieben. Ich war für Dich nicht da,
als Du mich brauchtest ... Weil ich meinen
eigenen Sorgen und Interessen nachging. Ich
verstand Dich in Vielem nicht, bis wir - erst
einige Jahre vor Deinem Tod - in Österreich
(erinnerst Du dich?), in einem Gasthaus-
zimmer, in eine für uns beide herzzerreissende
Auseinandersetzung bis tief in die Nacht hinein
gerieten.*

*Dort, endlich, waren wir zu einem ersten
Begreifen der Gedankenwelten , in denen wir
lebten, vorgedrungen. Ich versuchte Dir nahe
zu bringen, was und wie ich dachte, was für
mich im Leben wichtig war ... Du schautest
mir dann plötzlich tief in die Augen, und
sagtest: „ aber so haben wir nie gedacht!"
Du meintest, zu Deiner Zeit.*

*In dem Moment flossen weg: mein ganzer
Ärger, meine Enttäuschung und Verzweiflung
darüber, dass es uns beiden bis anhin nicht
gelungen war, die Grenze, die uns scheinbar
trennte, zu überschreiten. In dem für mich
alles erlösenden, heiligen Moment war sie
überschritten, und nur Liebe zu Dir füllte mein
Herz. Meine Liebe zu Dir ist immer da
gewesen, Mama, doch es ist mir nicht immer,
und nicht oft genug gelungen, sie Dir zu
zeigen. Aber Du ... Du hast sie mir gegenüber
immer wieder gezeigt! Mit kleinen,
unauffälligen Gesten, Geschenken und Taten.
Vor allem Taten. Nie mit grossen Worten. Zum
Beispiel, indem Du dich schon in aller Frühe*

in der Küche beschäftigtest, gekocht und gebacken hast, an Tagen an denen ich Dich besuchen kam. Ich hatte zu der Zeit für solche Mühe nicht das richtige Verständnis. „Das brauchst Du doch nicht zu tun", sagte ich Dir. Wie viel es Dir bedeutete, mir auf diese, traditionell russische Art, Deine Liebe zu zeigen ... konnte ich damals noch nicht verstehen.

In der Zeit war ich mit wichtigeren Dingen als Küche und Haushalt beschäftigt. Ach ... wie überheblich zeigte ich mich gegenüber solchen Sachen ...! Heute schäme ich mich dafür. So liess ich Dich immer wieder allein. Bis Dir deine Einsamkeit zur Qual wurde, und nachdem Papa gestorben war, unerträglich. Zu der Zeit lebten Du und ich in verschiedenen Ländern, durch den grossen Teich getrennt. Bei mir lag die Scheidung von meinem ersten Ehemann schon in der Luft. Also, war ich wieder von meinen persönlichen Wehen und Sorgen überwältigt, konnte und wusste nicht, wie ich Dir helfen sollte ...

Dies alles sollen keine Entschuldigungen sein. Solche gibt es nicht. Ein Mensch kann - wenn er will - aus beinahe jeder Situation heraus, anders handeln als seine Gewohnheit, oder sein Egoismus ihn dazu zwingt. Ich konnte es zur Zeit offensichtlich nicht. Ich war, und blieb noch lange Zeit danach, ein Egoist.

So liess ich Dich in Deiner schwersten Stunde auch allein. Als Du krank wurdest, und operiert werden solltest. Statt zu Dir, nach Brasilien zu fliegen, entschied ich mich für eine (bereits gebuchte) Gruppenreise nach Indien. Es war keine gewöhnliche Touristenreise, und sie war mir wichtig. Sie hat sich auch als sehr wichtig erwiesen. Ich werde Dir darüber später erzählen. Oder Du weisst es vielleicht schon längst ... hast von dort oben alles schon gehört und gesehen ... Damals sagte ich mir, ich würde Dich nach meiner Rückkehr aus Indien besuchen. Nachdem Deine Operation erfolgt, und Du Genesende wärest. Ich glaubte nicht (oder wollte ich nicht daran glauben?), dass es auch anders kommen könnte. Habe ich mich mit der Hoffnung, dass alles gut gehen würde, selbst getröstet, um in andere Richtung verreisen zu können?

Es tut mir heute noch alles so weh und so leid, Mama, wie der Abschied von dieser Welt für Dich gelaufen ist. Dennoch hilft es niemandem, wenn ich mir dabei die Seele von Schuldgefühlen zerreissen lasse. Ja ... dies ist leicht gesagt. In Wirklichkeit, in meinen stillen Stunden, tue ich es doch, obwohl ich weiss, dass es sinnlos ist. Mein Herz weint um all die verlorenen Stunden, Tagen, Jahre ... die wir miteinander nicht nutzen konnten. Wo ich so unbewusst und so dumm gewesen bin. Ich bin inzwischen, glaube ich, etwas weiser geworden. Dies, letzten Endes, dank Dir, Mama, dank Deinem Leben, dank allem was Du durchlebt und durchlitten hast. Es war nicht umsonst! Du hilfst mir heute, meinen Egoismus Schicht für Schicht abzustreifen. Es ist der Seelenschmerz, der dies bewirkt. Der Schmerz meiner Unterlassungssünden Dir

*gegenüber, als Du mich, Deine einzige Tochter
brauchtest, und ich weit weg war von Dir ...*

*Gegen diesen Schmerz gibt es keine
Schmerztabletten, und ich würde sie auch
nicht nehmen. Er darf Narben hinterlassen.
Es ist ein heilender Schmerz, keine
Selbstbestrafung. Verzeih mir, Mama. Ich
versuche es auch, mir selbst zu verzeihen. Und
lass uns, im Geiste der Liebe, zusammen sein.
Ich liebe Dich und danke Dir, dass Du in
diesem Leben meine Mutter warst.*

Deine Tochter, Galina.

Mutters Erinnerungen an ihre Kindheit und Jugend im *alten*, d.h. vorrevolutionären Russland, bringen eine mir unbekannte Welt in Sicht. Unvorstellbar müsste sie der heutigen Jugend vorkommen, vielleicht auch Gründe zur Kritik liefern, denn all das, worüber sich Mutter als Schulkind freute, was sie als junges Mädchen glücklich machte, gibt es heute nicht mehr. Für ein Kind oder einen Jugendlichen der heutigen Zeit wäre es wahrscheinlich bei weitem unzureichend.

So beginnt Mutter eines Ihrer Schreiben:

> *„Was kann ich dir schreiben über meine jungen Jahre? Ausschliesslich Gutes.*
>
> *Wir lebten in Schuwálowo, einer nicht weit von Petrograd (später Leningrad), nur vier Eisenbahstationen von der Stadt entfernt, gelegenen Ortschaft. Ein sehr schöner Kurort, mit einem See und einem grossen Wald (so war es wenigstens vor der Ankunft der sowjetischen Henker). Vor dem Umzug nach Schuwálowo lebten wir in Petrograd, aber wegen dem Gesundheitszustand meiner Mutter wechselten wir, auf Empfehlung ihres Arztes, unseren Wohnplatz. Ich erinnere mich, an Schuwálowo, an ein schönes Haus, an einen grossen Garten, auf der einen Seite die Eisenbahnlinie, auf der anderen der Wald. In der selben Strasse standen andere Häuser (Datschas). Dort lebten Kinder meines Alters, mit denen ich die Zeit verbrachte. Wir spielten im Garten und im Wald, und gingen später zusammen nach Ozjérki (ein Nachbarsort, unweit von Schuwálowo) in die Schule ...“*

Das Bild eines von Mutter beschriebenen Wohnplatzes kann ich mir gerade noch vorstellen. Samt der heute unvorstellbaren Ruhe und dem Frieden die dort herrschten. Mit einem Wald ... ohne Baumsterben, ohne Mülldeponie. Die Luft und das Seewasser noch unbeschmutzt ... Das unbekümmerte Spiel mit Gleichaltrigen habe ich als Kind nicht im Wald und Garten erleben können. Wohl aber zwischen den Trümmern von zerborsten Häusern in (ich weiss nicht mehr welcher) Stadt. Die Natur habe ich aber - vielleicht deswegen um so intensiver - in Österreich kennen und lieben gelernt. Dort lief ich meistens alleine durch Wald und Wiesen und fühlte ein inniges Verhältnis zu ihr.

Innerlich trete ich mit Mutter in ein Gespräch:

> *Ob Du, Mama, schon damals, als Kind in Schuwálowo, dir dessen bewusst warst, wie beglückend jene Zeit und Umgebung auf Dich wirkten? Wohl kaum. Du sahst es vermutlich erst später ein, wie dies normalerweise der Fall ist bei allem, was wir im Leben durchmachen! Der Schönheit wird man bewusst, wenn sie nicht mehr da ist. Vorausgesetzt, man hat sie, irgendwann, und sei es noch so kurz, gesehen. Der Freude, die sie einem einst schenkte wird man erst dann gewahr, wenn sie entweder zerstört, oder nicht mehr als solche betrachtet und geschätzt wird.*

> *Weisst Du noch ... wie wir in Österreich, in der Umgebung von Zell am See, auf Beeren- und Pilzsuche gingen? An den Berghängen sammelten wir Heidelbeeren, und wie herrlich schmeckten doch die wilden Erdbeeren ... und die Himbeeren! Der Geschmack im Mund, und Freude im Herzen, mit der wir, von der Natur reichlich beschenkt, in unser Barackenzimmer zurückkehrten, bleibt unbeschreiblich. Ich vergesse sie nie, wie auch Du deine glücklichen Kindheitsjahre, mit ähnlichen Erlebnissen in der Natur, nicht vergisst.*

*Ach, und weisst Du noch, in derselben
Flugplatzbaracke, in Bruckberg, hattest Du
ein Büchlein, das auf Deinem Nachtkästchen
(eine umgekehrte Holzkiste) lag? Auf dem
Umschlag stand „Skazka" (d.h. Märchen).
Russisch lesen und schreiben konnte ich
schon, also nahm ich mir eines Tages das
Büchlein und begann darin zu lesen. Da kamst
Du ins Zimmer, und nahmst es mir aus der
Hand mit den Worten:*

- Nein, das darfst du nicht lesen.

- Warum nicht ...? Hier steht doch Märchen?

- Aber dieses nicht.

*Du gabst mir keine Erklärung, warum nicht.
Aber meine Neugier war geweckt. Also wartete
ich auf eine Gelegenheit, wo Du etwas länger
abwesend sein solltest, nahm mir das Büchlein
wieder zur Hand und las es von Anfang bis
zum Ende.*

*Jenes Märchen, Mama, wurde mir später
lebenswichtig. Mein Ungehorsamsein ist
notwendig gewesen (was ich natürlich auch
erst viel später erkannte). Bücher, wie ich
mich erinnere, waren für alle (gebildeten)
Russen, die aus ihrer Heimat geflohen waren,
oft wichtiger als Brot. Ohne Bücher könne
man nicht leben, hiess es für viele. Und die
wenigen Bücher, die hinüber gerettet wurden,
gingen leihweise von Hand zu Hand. Sie
wurden als Kostbarkeiten betrachtet und als
solche behandelt. Das Märchenbüchlein
„Skazka" war eine neue Produktion,
geschrieben von unserer geliebten*

Schriftstellerin und Dichterin, Irina Saburowa (ein Pseudonym). Sie befand sich auch unter uns Flüchtlingen, hatte auch alles verloren, einschliesslich Menschen, die sie liebte ... Jemand aus unseren Reihen hatte eines ihrer Märchen zu vervielfältigen gewusst. Auf gelblichem, billigem Papier. Ganz unscheinbar sah es aus, aber wie kostbar war der Inhalt jener Seiten! Das wussten nur diejenigen, die sie lasen.

Ja ... und dann hast Du mir ein wunderschönes Buch geschenkt. In deutscher Sprache, die ich inzwischen auch beherrschte. „Mein buntes Jahr" von Anna Lachmann. Ein Buch mit Gedichten und Märchen, mit zarten Aquarell-Bildern illustriert. Du gabst es mir zu meinem 11. Geburtstag, und es wurde mir zu einer Quelle seelischer Nahrung, aus der ich täglich schöpfte. Ich las es wieder und wieder, kannte viele Gedichte bald auswendig, und wurde nie müde beim Anschauen der Bilder. Du hast genau gewusst, was ein Kind in diesem Alter brauchte. In einer Zeit, wo ich einen neuen Pullover oder neue Socken gut hätte gebrauchen können, stelltest Du die Priorität anders. Die alten Socken konnten ja noch gestopft werden! Auch das Stopfen hattest Du mich gelehrt. Weisst Du, dass ich jenes Buch noch immer habe? Es hat mit mir alle Umzüge mitgemacht und überlebt. Seine Seiten sind jetzt auch, dem Alter entsprechend, etwas gelblich geworden, und es ist in Papier eingebunden, um seinen Umschlag zu beschützen, aber die feinen Aquarelle sehen immer noch wie frisch gemalt aus.

Es war eine glückliche Zeit für uns, in der Baracke in Bruckberg.

Ich weiss noch, wie wir einst zu dritt, in der sommerlichen Abendsonne, Du, Vater und ich, draussen sassen. Wir schauten auf die blühende Wiese direkt vor uns und Du wundertest dich, ob wir uns zukünftig einmal an diesen Platz zurückdenken würden ...

Und ob! Wie oft, später, haben wir uns an diese Zeit erinnert ...

Kapitel 13

Wenn irgendeine Stimme mich ruft, antworte ich ihr, aber vorher antworte ich mir.

Antonio Porchia

Doch nun zu Dir, Mama, und zu dem, was Du für mich aufgeschrieben hast, als ich Dich (leider viel zu spät...!) danach fragte.

Ich hätte damals schon, viel früher ... Nein! Stop! Nicht schon wieder Schuldgefühle aufkommen lassen! Auf, „ ich hätte damals", lässt sich nichts Neues, für die Zukunft Nützliches, bauen. Und das, was damals hätte getan werden müssen, kann heute nicht verwirklicht werden.

In eurem Haus in Schuwálowo, schreibst Du, hattet ihr einen Kühlraum. Kühlschränke und Gefriertruhen gab es ja noch nicht, auch keine Elektrizität. Für den Kühlraum wurde tief unter der Erde eine Kammer ausgegraben, die einmal im Jahr mit frischem Eis gefüllt wurde. Eine Tür und eine Treppe führten in die Kammer hinunter. Dort bewahrte man Lebensmittel, die damals in grösseren Mengen (nicht per halbes oder ganzes Kilo) eingekauft wurden. Die Eisblöcke wurden in der Mitte der Kammer aufgetürmt, an den Wänden entlang waren Regale angebracht, auf denen - reichlich vorhanden - Produkte aller Art frisch gehalten wurden. An der Aussenseite einer solchen unterirdischen Vorratskammer, türmte

*man Erde zu einem Hügel auf. Darauf pflanzte
man Buziná (eine Pflanze, die rote Beeren
trug, welche im Haushalt für das Polieren der
Kupferschüsseln verwendet wurden, die für
das Kochen von Konfitüren bestimmt waren).
Im Winter konnten die Kinder von dem
künstlichen Hügel herunter schlittern.*

*Du beschreibst, Mama, wie es euch in der
zaristischen Zeit an nichts gefehlt hat. Wie
euch vieles an die Haustür gebracht wurde.
So, zum Beispiel, kam der Bäckergeselle, mit
einem grossen Korb voll herrlichster
Backwaren, noch warm vom Ofen, am Morgen
vor dem Frühstück bei euch vorbei. Und alles
war natürlich! Ich verstehe, wie Dir das
Wasser im Munde zusammenlief, als Du dich
an eine Brotsorte erinnertest, die es danach
nicht mehr gab. Auch die Eiscremes, und
natürlich auch das Gemüse, das ihr gegessen
habt, alles ohne Chemie, ohne Ersatz. Ich
erinnere mich auch noch an den pur
natürlichen Geschmack von Gemüse, das ich
in Bruckberg, beim Bauer für Dich holen
musste. Frisch geerntet, oft noch warm von
der Sonne, wurde es dort verkauft. Und Du
bereitetest es noch am selben Tag zu, weil wir
keine Kühlschränke besassen (und nach
solchen auch nicht verlangten).*

*Du schreibst: „An Sonntagen gingen Papa
und ich spazieren. Unterwegs gingen wir in
eine Konditorei, wo er mir mein
Lieblingsgebäck aufschwatzte. Dann kaufte er
für mich meine Lieblingsfrüchte, Bananen, und
wir gingen heim ... "*

94

*Ja ... Mama, eure war die privilegierte
Bevölkerungsschicht, der es an nichts fehlte.
Die Notlage anderer Schichten, der vielen
Bedürftigen, die es im zaristischen Russland
wohl auch gab, war euch vielleicht unbekannt.
Und wenn nicht, dann lag sie weit weg von
euch entfernt. So wie auch heute die Notlagen
der extrem bedürftigen, verhungernden oder
an anderen Kalamitäten sterbenden
Bevölkerungsgruppen in der sogenannten
dritten Welt, sich weit weg von der ersten Welt
der Wohlhabenden sich abspielen. Zahlreiche
Hilfswerke versuchen die Not zu lindern. Dies,
kann man sagen, ist das Gute unserer Zeit, in
der Gefühle von Solidarität und das Gebot
„liebe deinen Nächsten wie dich selbst", wie
zarte Pflänzchen aus dem Boden schiessen.
Doch sie werden oft mit Füssen getreten durch
die Interessen derjenigen, denen alles egal ist,
solange ihr finanzieller Gewinn gewährleistet
ist.*

*Ob die zarten Pflänzchen der aufkeimenden
Menschlichkeit den Angriff überleben? Ob die
Gleichwertigkeit (keine Gleichheit) aller
Rassen (keine Angleichung an ein bestimmtes
„Rassenmodell") einmal mehr als nur
idealistisches Wörterspiel sein wird? Ob ...
und ob ... und ob ... es gäbe noch so viele
Fragen zu stellen. Die Antworten darauf wird
nur die Zeit liefern können.*

Jetzt lasse ich aber Dich zu Worte kommen:

Mutter schreibt: weiter:

*„Dann kam die Schulzeit. Wir waren eine
ganze Gruppe Kinder, die nach Ozjérki zur
Schule gingen. Es war nicht weit, die Strasse
die dorthin führte, ruhig. Autos gab es zu der
Zeit noch kaum, und in Schuwálowo habe ich
sie überhaupt nicht gesehen. Nur Pferde-
kutschen. Ich ging dort nicht lange zur Schule.
Die Sowjets ermordeten unseren Zar und seine
Familie, und nachdem sie dieses bestialische
Geschäft erledigt hatten, begannen sie,
„Ordnung zu machen" im Lande. Das hiess,
Menschen erschiessen, foltern .... Die
„Freiwillige weisse Armee" wurde gegründet,
und sie kämpfte gegen die Sowjets. Im Lande
herrschte Chaos. Das war im Jahre 1919.*

*Ich besuchte das Mariinskij Gymnasium.
Später wurde es umbenannt, aber die
Ordnung, die Lehrer und die Schulleiterin
blieben die alten, so dass der Geist, aus dem
man uns, Mädchen und Jungen, dort bildete,
noch der alte blieb. Wir Mädchen grüssten
unsere Lehrer mit einem Knicks (Reverenz).
Wir trugen Uniformen: Braunes Wollkleid,
schwarze Schürze, schwarze Schuhe und
Strümpfe. Unsere Haare waren nach hinten
gekämmt und mit einem schwarzen Band
zusammengehalten. Wir trugen diese Uniform
von der ersten bis zur Abschlussklasse.
Dauerwellen, Maniküre u .ä. waren uns total
unbekannt und wären uns nie in den Sinn
gekommen! Unsere Klassendame (Jewgenja
Aleksándrowna Jerschówa) war immer
gekleidet in ein langes, dunkles Kleid mit
einem weissen Kragen. Ich erinnere mich an
sie, mit einer altmodischen Frisur,*

*hochgewachsen, mager, auf den ersten Blick
eine strenge Frau, aber der allergütigste
Mensch! Mein Lieblingsfach war Mathematik.
Es unterrichtete Pavel (Paul) Kárlowich (Sohn
von Karl), Heine. Sein Rufname unter uns war
Palkan. Der liebenswürdigste Mensch! Wie
liebten wir den Naturkunde-Unterricht, wenn
wir mit unserem Lehrer in den Park gingen,
und dort Blumen und Knospen verschiedener
Pflanzen sammelten. Für den anschaulichen
Unterricht.*

*Die Schule hat mir für das ganze Leben eine
gute Erinnerung hinterlassen. Sie war für uns
wie eine zweite Mutter. Wir liebten die Schule.
Sie gab uns Bildung und Erziehung. Wie viele
guten, freundschaftlichen Gespräche führten
wir mit unseren Lehrern! Wir hatten zwar
unsere Gruppe, aber wir standen mit der
ganzen Klasse in Beziehung. So übernahmen
wir für alle Streiche, geschlossen als ganze
Klasse, die Verantwortung. Nie hatte einer von
uns den Schuldigen oder die Schuldige
verraten. Ich schloss die Schule ab im Jahre
1927. In diesem Jahr ging ich zum letzten Mal
zur Beichte und Kommunion in die Kirche,
weil mein geistiger Vater (so wurde der
orthodoxe Priester genannt) im nächsten Jahr
verhaftet wurde. So wie alle Geistlichen
allmählich verhaftet und nach dem Norden
(Solovki) verbannt wurden. Früher gab es dort
das (Solovetskii) Kloster. Daraus wurde das
Solovetskii Konzentrationslager. Zuerst geriet
dorthin die sogenannte Intelligenzija (es war
ein schreckliches Konzentrationslager), später
Kriminelle und politische Gefangenen.*

Das war Politik - darüber werde ich jetzt nicht
schreiben. Ich kehre zurück zu meiner
Schulzeit vor 1927.

Ungefähr in 1920-21 gab es im Land eine
Hungersnot.. (Aber keine solche wie in diesem
Krieg). Es gab kein Brennmaterial für die
Heizung und kein Kerosin für die Lampen. In
den Häusern installierte man kleine, eiserne
Öfen, mit einer den Rauch durch das Fenster
abführenden Röhre. Diese Öfenchen gaben
etwas Wärme ab, aber natürlich nur dann,
wenn sie geheizt wurden. In der Schule war es
so kalt, dass wir in unseren Pelzmänteln dort
sassen, und mit behandschuhten Fingern
schrieben."

Welch ein ungewöhnliches Bild, im Vergleich zur Schulzeit heutiger
Kinder und Jugendlicher! Vor allem die Liebe zur Schule und ihrer
Lehrerschaft. Die Verehrung ihrer Persönlichkeiten ...! Ich glaube, im
Erwachsenenalter kann man sich glücklich fühlen, wenn man im
Kindes- und Jugendalter Menschen gekannt hat, die der Verehrung
würdig gewesen sind. Habe ich in meinem Leben jemanden verehrt?
Ja, aber es kam viel später. Zum Beispiel Irina Saburowa, die Frau, die
ich später persönlich in München, wo sie nach dem Krieg lebte,
kennenlernte. Ich verehrte sie schon durch ihre Bücher und angesichts
ihrer Haltung allem Geschehenen gegenüber. Sie hat sich nicht von
der Verbitterung anstecken lassen. Ihre persönliche Ehrlichkeit und
Aufrichtigkeit sprach durch jede Geschichte, die sie schrieb. Es gab
noch andere Menschen, die mein junges Leben positiv beeinflusst,
bereichert haben. Wofür ich ihnen bis heute dankbar bin.

Wie geht es den heutigen Kindern und Jugendlichen? Was ist an die
Stelle der altmodischen Ehrerbietung getreten? Und was geschieht,
wenn man keinen Menschen kennt, dem man eine solche erweisen
kann? Wenn man weder die eigenen Eltern, noch die Lehrkräfte ehren
kann? Wenn viele von ihnen (so traurig dies auch klingt) bei den

Heranwachsenden keinen Respekt verdienen? Wo gibt es noch integere Menschen, noch nicht zerrüttete Ehen und Familien, die Geborgenheit bieten? Es gibt sie noch sicherlich, aber sie sind in der Minderheit. Tendenz sinkend. Die Zahl der Alleinerziehenden wächst. Ob sie auch erziehen können ...? Nach welchen Werten wird heute, im Allgemeinen, erzogen und gelebt? Und was bedeuten sie der jungen Generation?

Nein, Mama, sich vor einer Lehrkraft verbeugen, würde ich heute keinem Kind zumuten. Auch die ausschliesslich braunschwarze Uniform würde ich in Frage stellen. Was nicht heisst, dass eine solche Uniform und die Verhaltensregeln, an die ihr euch halten musstet, zu der Zeit falsch waren. Sie deckten sich mit dem Respekt und der Liebe zu Menschen, die euch unterrichteten, und euch nicht aufgezwungen waren. Sie erwuchsen von selbst aus euren Kinderseelen. Heute tritt an die Stelle von Respekt und Liebe der Kult, die Idolatrie von Mode, Trends, Personen wie Popsänger, Bandleader u.ä. Noch schlimmer, die" virtual reality"... Und es gehört alles zu dieser Welt.

Jetzt, wo ich Dich, und die Welt in der Du gross geworden bist, besser verstehe, Mama, geht es mir nicht darum, das eine oder das andere besser oder schlechter zu finden. Wenn Du mir in meinen jungen Jahren von Deiner Schulzeit berichtet hättest, wäre ich wahrscheinlich aufgebraust: „Was?!! In braunschwarz gekleidet, jahrelang zur Schule gehen?! Unvorstellbar! Und warum solche düsteren Farben?"... Eben. Nach dem warum habt ihr ja damals nicht gefragt. Ihr habt es

als selbstverständlich angenommen. Und es
war für Euch vielleicht gar nicht so wichtig.
Die Uniform war für Euch ein Zeichen der
Zugehörigkeit zu jener Schule, kein
persönliches Identitätssymbol. Sehe ich es
richtig?

Heute herrscht in vielen Schulen die nackte Gewalt. Schüler werden
von ihren Mitschülern attackiert, wenn sie zum Beispiel keine, durch
die letzte Mode diktierten Markenartikel tragen. Mich beschäftigt
nicht die Kritik an solchen Zuständen. Meine Empörung darüber
weicht den Fragen: Was ist es, das die Kinder dazu treibt, gegen
Gleichaltrige (in schlimmeren Fällen gegen jüngere, schwächere
Kinder) so brutal vorzugehen? Und welche sind die Konsequenzen
davon für das spätere, erwachsene Leben?

Aber wie ging es in Deinem Leben weiter,
Mama? Du schreibst:

„Dann kam die Zeit der „NÖP - Neuen
Ökonomischen Politik". Privatwirtschaft
wurde erlaubt (nur keine Fabriken, diese
waren konfisziert und galten als Staats-
eigentum). Produkte erschienen auf dem
Markt, man hatte plötzlich alles. Aber die
NÖP hat nur einige Jahre gedauert.
Über jene Jahre kann ich viel Gutes erzählen.
Wir hatten dreimal im Jahr Ferien (an Ostern,
an Weihnachten und im Sommer). Während
dieser Zeit pflegten die Familien sich
gegenseitig einzuladen. Wir Kinder wurden
mit unserer ganzen Gruppe eingeladen. Wir
gingen von Haus zu Haus, wo wir allerlei
Spiele organisierten, Theatervorstellungen,
und natürlich wurden uns überall die
köstlichsten Speisen angeboten. Ach, was es
nicht alles gab ... und alles hausgemacht!

*Die Zeit ging vorbei. Es entstanden andere
Interessen, aber wir verbrachten nach wie vor
die Freizeit mit unserer Kompanie zusammen.
Im Winter gingen wir zusammen Schlitten-
oder Skifahren, am Abend Schlittschuhlaufen.
Bei bis zu 30 Grad minus durften wir nach
draussen. Welch ein Vergnügen! Wir kehrten
nach Hause zurück mit von Schnee und Frost
brennenden Gesichtern. Der ganze Körper
glühte, nur die Haare, die unter der Mütze
herausguckten, waren weiss gefroren. So
wuchsen wir gesund auf, aber innerlich
blieben wir auch mit 16-17 Jahren noch
Kinder. Wir dachten weder ans Kino noch ans
Theater. Wir genossen die Natur. Im Frühling,
vor Ostern fasteten wir alle. Wir hatten das
Gefühl, dass wir uns dadurch von etwas
befreiten, so leicht und frei wir uns danach
fühlten! Es ist mir schwer, dir dies zu erklären,
Galotschka, aber ich fühlte mich dadurch
seelisch rein werden."*

*„Ich kann es Dir nachempfinden, Mama, weil
ich es später an Dir erlebt habe".*

Zu der Zeit lebte Mutter mit ihren Eltern wieder in Zárskoje Selo
(heute Puschkin). Sie erwähnt den Jekaterinenpalast, und die
prächtigen Parkanlagen, in denen sie sich mit ihrem Freundeskreis
vergnügte

*„Ich liebte den Gottesdienst am Grünen
Donnerstag in der (orthodoxen) Kirche, aus
der man dann eine brennende Kerze nach
Hause trug. Die Kirche war nur ein
Häuserblock von unserem Haus entfernt, also
keine allzu grosse Gefahr, dass der Wind die
Flamme ausblasen würde. Ich ging mit Papa*

*in die Kirche. Mama wartete auf uns Zuhause.
Am Karfreitag gingen wir zu dritt in die
Kirche, und am Samstag trugen Papa und ich
Kulitschii (traditionelles, russisches Oster-
gebäck), Pásha (eine Quarkspeise), und Eier
zur Segnung in die Kirche. Danach war alles
bereit Zuhause. Alles stand auf dem Tisch.
Die Wohnung war gründlich geputzt und
gemütlich. Auf dem gedeckten Tisch standen
Blumen. In der Seele war auch alles sauber
und feierlich. Wir Kinder, in alles Neue
eingekleidet, gingen mit den Eltern um elf Uhr
abends in die Kirche. Auf den Gottesdienst
folgte ein Rundgang um die Kirche (der
traditionelle „krestnii hod"). Um Mitternacht
grüsste Bátjuschka (der orthodoxe Priester)
die ganze Gemeinde mit den Worten:
„Christós Woskrése" (Christus ist
auferstanden), worauf alle antworteten:
„Woístinu Woskrése" (wahrhaftig
auferstanden!) Die Glocken läuteten, alle
küssten sich dreimal auf die Wangen und dann
ging man heim, wo das Fasten beendet werden
sollte. Ach, wie schön das war! ... Du,
Galotschka, kannst das nicht verstehen, aber
ich erinnere mich bis heute daran ..."*

*„Doch, Mama, ich kann es verstehen. Und
nicht nur jetzt, wo ich Dich durch deine Zeilen
sprechen höre. Schon viele Male, im Laufe der
vergangenen Jahre, musste ich zurückdenken,
wie Du - wo immer wir auch waren, und wie
arm wir auch waren - das Feierliche in unser
Leben hinein zu bringen wusstest".*

Dies hat mich seelisch genährt und mein Leben lang, schweigend, begleitet.

Kapitel 14

Jede Wahrheit geht vom Neugeborenen aus.
Von dem, was nicht da war.

Antonio Porchia

Im Reich der purpurroten Türme

lebten Magier und Ritter,

und im ältesten der Türme,

der alte, weise Astrologe ...

So begann das Märchen von Irina Saburowa, das ich als Elfjährige heimlich gelesen hatte. Heute kann ich es im Original nachlesen. Ich hatte noch das Glück, ein Exemplar von der Autorin zu bekommen, einige Jahre, bevor sie starb. Sie hatte alle ihre Bücher im Selbstverlag (mit finanzieller Hilfe ihrer Leserschaft) herausgegeben. Heute gibt es sie nirgends mehr zu kaufen. Ich könnte das Märchen hier original-getreu übersetzt wiedergeben ... finde es aber wichtiger, es so nach-zuerzählen, wie es sich meinem Gedächtnis eingeprägt hat und jahrzehntelang in mir nachwirkte, mehr noch: mir jedesmal neue Einsichten in das komplexe Problem der menschlichen Schicksale erschlossen hat.

Das Gemüt nimmt das, was es beeindruckt, auf seine eigene Art und Weise wahr. Im Gedächtnis werden Bilder registriert, die bereits eine Interpretation des Gesehenen oder des Erlebten sind. Solche Bilder sind weder logisch auf einander abgestimmt, noch zeigen sie *fotografische* Wiedergaben der Momentaufnahmen der Erlebnisse. Beim Wiederauftauchen von Erinnerungsbildern geht es nicht mehr um den *Originalstoff.* Je nachdem in welchem Gemütszustand man sich befindet, bekommt das eine oder das andere Bild ein neues Kolorit, hebt sich aus den anderen hervor, *spricht* ... vermittelt eine neue Erkenntnis, gliedert sich anders als zuvor in den Verlauf der

Geschichte ein. Die Kunst des Märchenschreibens und noch mehr die des Märchenerzählens, wurzelt in diesem sich dauernd bewegenden und verändernden Wesen der Bilder. Viele Kinder, denen Märchen erzählt werden (Kinder, die dieses Glück noch haben), bitten oft darum, dass ihnen dasselbe Märchen wieder und wieder erzählt wird. Sie kennen es schon und trotzdem, wollen sie es nochmals hören. Warum? Weil die erzählende Person für sie das Märchen jedes Mal zu neuem Leben bringt! Das Kind hört dann doch nicht immer dasselbe, wie man meint. Es hört Neues dazu, das, was der Mensch, der neben ihm sitzt in dem Moment mitempfindet und erlebt. Vorausgesetzt, dieser Mensch wiederholt nicht *mechanisch* und geistesabwesend ... nur Worte!

Im Reich der purpurroten Türme

lebten alle Menschen glücklich

schien die Sonne immer heiter

Krieg war dort noch unbekannt.

Der Astrologe las in den Sternen

schrieb es auf, mit Gänsefeder

und vermittelte dem König

was zu geschehen war im Land.

Blutvergiessen, Elend, Krankheit,

kannte dort kein einz'ger Mensch.

Dafür sorgte ein Wundervogel

mit feuerroten, grossen Flügeln.

Er hiess L i e b e ... ein fremdes Wort ...

Der Vogel sang im goldenen Käfig

alle Menschen konnten es hören

und so liebten sie einander

ohne Zweifel, ohne Schmerz.

Der König hatte keine Mühe

jenes Land gut zu regieren.

Folgte er den Sternenzeichen,

es regierte sich von selbst!

Der Astrologe, der alte Weise,

hatte einen Freund und Helfer,

den immer fröhlich gutgelaunten

auf seine Art, sehr weisen Narr!

Und die Prinzessin, ach, die holde ...

war so schön wie nur im Märchen

solche Schönheit noch besteht!

Märchen ... für die unsere Sprache

heute keine Worte hat.

Das war ein wundersames und wunderschönes Königreich. In seiner Mitte stand ein Palast, aus kostbarsten Edelsteinen erbaut, von vier hohen Türmen umringt. Die Türme leuchteten in ihrem Glanz von purpurroten Steinen und waren im ganzen Land zu sehen. Sie standen an vier Ecken des königlichen Palastes, weisend nach Norden, Westen, Süden und Osten. In dem ältesten Turm lebte der Astrologe, in den anderen der Narr, die Prinzessin und der Wundervogel. Der Vogel sang, seine Weisen drangen in alle Menschenherzen und erfüllten sie mit Wonne und Glück.

In das Reich der purpurn Türme

kam ein junger Prinz geritten,

Sternenglanz in seinen Augen,

Sonnengold in seinem Haar.

„Seid willkommen", sprach der König

„schaut Euch um in unserem Schlosse

wir erwarten Euch zur Feier

heute abend in dem Saal!"

Der Prinz, verwundert, stieg die Treppe

zu dem ältesten der Türme

grüsste dort den alten Weisen,

fragte ihn:

„Was seht Ihr grad ...?

Was erzählen Euch die Sterne?"

Der Weise schaute ihm in die Augen,

hob den Blick zum Abendhimmel,

sagte dann im leisen Ton:

„Nein, das kann ich Euch nicht sagen ..."

Vielleicht war es noch nicht Zeit.

...

Der Prinz ging weiter, unbekümmert

stieg zum zweiten Turm hinauf

hörte dort ein lustiges Singen

und der Sänger war der Narr!

„Hohheit, seid gegrüsst!" rief er.

„In unserem Reich gibt's nur die Freude,

Lachen, Spielen, Sichwohlfühlen!

Seid mein Gast in diesem Turme

für so lang wie's Euch gefällt,

aber" ... (zwinkerte er schalkhaft),

„da ist jemand, die vielleicht

Euch noch mehr gefällt als ich!"

Neugierig lief der Prinz nach unten

und von dort die Treppe 'rauf

zu dem dritten Turm, wo Schönheit

ihn sofort gefangen nahm !

Wie verzaubert wusste er endlich,

dass es S i e war,

die er gesucht hat

auf der ganzen weiten Welt.

Der Prinzessin ging's genauso

auch ihr Warten war beendet.

Ohne Worte, ohne Zweifel,

hatte L i e b e   sie vereint..

Heute abend, bei der Feier

würden sie es den anderen sagen.

Ach, wie glücklich war der Prinz

als er wieder von ihr ging!

Zeit gab's noch, um zu entdecken

was der vierte Turm verbarg ...

Schnell die Treppe hoch gelaufen.

stand der Prinz vor einer Tür.

Unverschlossen, also 'rein

dacht der Prinz, und einmal drinnen

sah er einen goldnen Käfig und

darin den Wundervogel

der unirdisch, himmlisch sang ...

Tief ergriffen dacht der Jüngling:

„Warum muss hier dieser Vogel

eingesperrt im Käfig leben?

Schnell, ich lass ihn fliegen, flieg...!"

Und so flog der Wundervogel

mit den feuerroten Flügeln

in die blaue Nacht hinaus ...

Ernsthaft standen sie im Saale:

König, Narr, der Astrologe,

und die liebliche Prinzessin,

als der Prinz zur Feier kam.

Was ist los?... Sie waren traurig!

Die Prinzessin weinte leise

und der König sprach ihn an:

„Prinz, was habt Ihr grad getan?"

Wie vom Blitz getroffen, sah er

plötzlich ein, was war geschehen:

Er hat den Vogel freigelassen,

mit dem fremden Namen, L i e b e.

Und verflogen war das Wunder ...

Vor der Prinzessin auf den Knien, bat er sie, auf ihn zu warten. Er würde in die Welt hinaus reiten, den Vogel finden und ihn zurück-bringen in dieses Reich.

„Bitte warte auf mich", flehte er die
Prinzessin an. „Ich werde auf dich warten",
versprach sie ihm.

Jahre vergingen. Im Reich der purpurnen Türme gab es keinen Königreich mehr. Der König starb als erster. Sein Palast wurde geplündert. Die Edelsteine geraubt, die Wände zerbröckelten, das einst so prachtvolle Gebäude war jetzt Ruine. Nur die vier Türme standen noch, wie einsame Wächter über das Land das jetzt kennenlernte: den Schmerz, die Not, die Missgunst, den Neid und die Gier. Dennoch lebten sie noch, der alte Astrologe, der Narr und die Prinzessin. Sie wohnten jetzt alle zusammen und sehr armselig im ältesten Turm. Der alte Weise war inzwischen erblindet, der Narr lachte nicht mehr, nur die Prinzessin bewahrte tief im Herzen eine Hoffnung. Der Prinz würde doch kommen ...

„Der Prinz wird kommen", sagte eines Abends der alte Weise, "ich weiss es sicher, die Sterne haben noch nie gelogen, eines Tages kommt der Prinz hierher zurück".

Es war am Heiligen Abend. Da klopfte jemand an die Tür des Turmes. „Herein", rief die Prinzessin, und herein kam ein älterer Mann, mit ergrautem Haar und Falten im Gesicht, müde aussehend, ärmlich gekleidet. Er bat um Unterkunft für die Nacht. „Ja, natürlich", sprach die Prinzessin, „kommt herein und setzt euch zu uns an den Tisch. Viel haben wir zwar nicht, aber das Wenige wollen wir gerne mit Euch teilen".

Und der blinde Astrologe sprach: „Ich weiss ... die Sterne haben noch nie gelogen, eines Tages kommt der Prinz hierher zurück". Der Fremde guckte ihn an, schaute um sich herum und sagte:

„Ich bin gekommen ...aber wo ist das
prächtige Königreich, das keinem
anderenReich auf Erden glich?

Ich sehe nur Ruinen ...

Und wo ist die wunderschöne Prinzessin, für
die ich durch die ganze Welt gereist bin ...?

Ich habe den Vogel zwar nirgends finden
können, aber hier finde ich das Königreich
und die Prinzessin auch nicht ..."

Die Prinzessin, am anderen Ende des Tisches, schaute den Fremden an
und flüsterte, mehr zu sich selbst als zu den anderen:

„Nein, du bist es nicht ... Mein Prinz war jung
mit goldenen Haaren und Sternenglanz in seinen Augen ...
Aber du ....
Du bist ein alter, müder Mann,
mit einem von Furchen gezeichneten Gesicht ... "

Und in den Sternen stand geschrieben: Weil sie sich nicht erkannten,
mussten sie seit dem Moment ihre verlorene Freude, und das
verlorene Glück wie einen harten, purpurroten Stein im Herzen tragen.
Das Los derjenigen die alles verloren haben, was einst für sie Freude
und Glück bedeutete ...

Kapitel 15

Die Entfernungen stellten nichts an.
Alles ist hier.

Antonio Porchia

Beim Aufkommen lassen von ihren Erinnerungen, sei sie im Geiste dort, wo sie gewohnt hat, schrieb Mutter. In der Wohnung in Zárskoje Selo, mit Bábuschka und Djéduschka (meine Oma und mein Opa), und ihrem geliebten Kater Tzigan (Zigeuner).

> *„So viel Gutes, Vergangenes, das nie mehr zurückkehrt..."* (schreibt Mutter).

> *„Nein, Mama, das Vergangene, die gute alte Zeit, kann nicht zurückkehren. Nur das Böse wiederholt sich und steigert sich zu noch mehr. Während der normale Mensch, so wie der Prinz im Märchen, nach dem dauerhaften Glück sucht, das er nirgends auf der Welt zu finden vermag".*

Wie beglückend die Sommerferien für sie und ihre *Kompanie* waren, erzählt Mutter weiter. In den Parkanlagen spazieren, Radfahren, im See baden, Bootsfahrten unternehmen, leidenschaftlich Tennis spielen (bis zu sechs Stunden pro Tag!). Als sie klein war, verbrachte sie den Sommer in Orlino, auf der *Datscha*. Meistens reisten ihre Neffen und Nichten mit. Die *Datscha* hatte genug Raum: zwei Zimmer unten und drei oben, mit grossen Balkonen, Küche, Vorratskammer, etc. Vorne war der Garten, hinten ging man den Abhang zum Fluss hinunter, in dem sie badeten. Die *Datscha* gehörte der Bäuerin Zina *(Baba Zina)*. Ein grosses Vergnügen war es für die Kinder, im Frucht- und Gemüsegarten von *Baba Zina* zu kosten. Natürlich mit ihrer Erlaubnis! *Baba Zina* hatte drei oder vier Kühe und die Kinder durften bei ihr Milch holen. Schäumend und warm noch brachten sie die Milch nach Hause.

*Nein. Das Vergangene lässt sich nicht
zurückholen. Und ich weiss nicht, ob es gut
wäre zum Vergangenen zurückzukehren...
Dies versucht der Prinz im Märchen.
Er durchsucht die Welt nach dem
Wundervogel. Wie viele naive Prinzen und
Prinzessinnen leben unter uns? Sie suchen
oder sie warten ... Sie träumen, verlieren sich
in Illusionen, bauen Luftschlösser in denen sie
glücklich zu sein gedenken. Jede
Eheschliessung beginnt mit einem solchen
Schloss. Bis es früher oder später zur Ruine
zerfällt oder zu zerfallen droht.*

Mutter beschreibt ein *Paradies*. Wie im Märchen, das *wundervolle
Reich*. Und, wie im Märchen, gibt es zu jenem Reich kein Zurück.
In jenem *Reich* gab es aber kein Bewusstsein vom *Rest der Welt*, und
von jeder *anderen Seite* des menschlichen Charakters, die auf
Zerstörung, Plünderung, Ausbeutung und noch vielem Schrecklichen
mehr wie *programmiert* zu sein scheint. Vielleicht mussten die *ersten
Menschen* deswegen aus dem legendären Paradies vertrieben werden.
Damit wir, ihre Nachkommen, allmählich erkennen konnten, was in
unserer menschlichen Natur vorhanden ist. Damit wir eines Tages
(will ich hoffen) aus den Trümmern der alten *Paläste*, nicht die
gleichen, sondern etwas Neues bauen. Dafür müsste man aber neue
Fähigkeiten in sich erwecken.

Im Märchen meine ich sie in den Figuren des Astrologen, des Narren
und der Prinzessin verkörpert zu verstehen. Der Astrologe, der alte
Weise, konnte einst die Sternenschrift lesen, die dort geschriebenen
Gesetzmässigkeiten erkennen, und diese dem König vermitteln. So
lange der König sein Reich dementsprechend regierte, gab es Glück
für alle. Der Narr war die Verkörperung der Freude und der Spiel-
fähigkeit des Menschen. Er und der Astrologe waren Freunde, sie
ergänzten sich gegenseitig. Der Narr konnte vieles einfacher zum
Ausdruck bringen, was manchmal viel zu schwer, viel zu streng vom

alten Weisen formuliert wurde. Der Narr konnte sowohl unterhalten, als auch durch sein Spiel, Wort und Gesang, auf Wichtiges hinweisen. Die moderne Satire hat eine entfernte Verwandtschaft mit dem Wesen des Narren (wie er ursprünglich zu verstehen war). Er brachte das Leichte und das Heitere mit dem Ernsthaften, Weisheitsvollen zusammen. Und die Prinzessin ...? Ich sehe sie als die Wartende. Eine Eigenschaft, die sowohl positiv als auch negativ wirken kann. Im Märchen zog sich die Prinzessin total in ihre Traumwelt zurück. Sie wusste nichts vom Vergehen der Jahre, kam aus ihrem Turm nicht hinaus, hatte keinen Spiegel, in dem sie sich betrachten konnte.

> *Wie viele Prinzessinnen leben auch heute in*
> *solchen (seelischen) Zuständen, haben keinen*
> *Mut (vielleicht auch kein Bedürfnis) in den*
> *Spiegel ihrer Seelen zu blicken ? Die Träume*
> *sind ja so schön ...! Der Prinz soll kommen,*
> *und sie alle verwirklichen ...*

Der vermeintliche *Prinz* kommt dann irgendwann, nur sieht er schon nach kurzer Zeit ganz anders aus! „Was ist geschehen?", fragt die (moderne) Prinzessin oder der moderne Prinz. „Dich habe ich nicht geheiratet. So wie du bist, will ich dich nicht haben". Punkt. Schluss. Scheidung. Der *neue* Freund, die *neue* Freundin soll *besser* sein. Neue *Prinzen* und *Prinzessinen* werden gesucht. Oder: „Auf kein Risiko mehr eingehen! Verwundet, verbittert, sich in seinem persönlichen *Turm* einschliessen!" Alles wird versucht, nur das eine nicht: Die eigenen Erwartungsmuster und Träume hinterfragen.

Mir sind sie schon öfters begegnet, solche Menschen. Die *modernen Prinzen*...und *Prinzessinen*. Ihnen habe ich ein Gedicht gewidmet:

Die Liebe ...

Die Liebe ...

Das sind nur Momente.

Versuchst du sie zu halten,

dann lösen sie sich auf.

Die Welt ist dann nur grau,

und schwer fühlt sich die Seele.

Du denkst: es ist vorbei,

oder: es war ein Traum ...

Die Liebe, denkst du,

hat dich schnell verlassen,

und übrig blieb,

nur das Verlangen und der Schmerz.

Der Liebe, denkst du,

ist nicht zu vertrauen,

am besten kümmere ich mich

nicht mehr um sie.

Verbittert suchst du dir Ersatz

in ach, so Vielem!

Der Job, das Auto, das Prestige,

und was nicht alles mehr ...

Dann hast du irgendwann

den Top erklommen,

und siehst vielleicht,

dass es von dort nach nirgendwo

mehr weiter geht.
Deine Gesundheit angeschlagen,
versuchst du zu verbergen.
Um Hilfe fragen?
Nein, das kannst du nicht.
Dein Gesicht erstarrt alsbald
zu einer Maske, und du beginnst
zu sterben. Innerlich.
...
Du hast sie beide noch:
Den Geist und auch die Seele.
Ein Herz hast du auch, irgendwo,
doch merkst du es erst dann,
wenn es beinah versag ....
Aber wenn du erwachst,
dann geht das Leben weiter
und bietet dir alsbald noch eine Chance,
dich zu besinnen.
Auf das, was Leben wirklich ist.
Dann nimmst du die Momente wahr,
so wie sie kommen,
erkennst, dass du die Liebe
nicht in einem Safe bewahren kannst.
Im Leben kannst du Recht auf Vieles haben,
nur auf die Liebe nicht.

Dann legst du deine Maske ab,

verzichtest auf den Trost

durch Lügen, Geld, und Schein und Macht ...

Begegnest ehrlich deinem Selbst

und dem des Anderen.

Dann klopft vielleicht die Liebe

mal wieder, leise, an deine Herzenstür.

Der *Vogel*, der im Märchen auf wundersame Weise die Liebe in die Herzen der Menschen hinein sang, ist definitiv weg. Der Prinz konnte ihn nirgends auf der Welt finden. Er selbst ist alt und müde geworden, und immer noch hat er nichts begriffen. Wenn die Prinzessin und er sich gegenseitig erkannt hätten, die Begegnung, das Gespräch zwischen ihnen zustande gekommen wäre ... dann, ja, dann hätten sie vielleicht verstanden, was sie hätten verstehen müssen ... Dann wären sie aus dem *Kerker* ihrer unrealistischen Träume herausgekommen. Diese Gelegenheit haben sie, im Märchen, verpasst. Diese Gelegenheit wird im wirklichen Leben auch, immer wieder, verpasst. Der Mensch hat Recht auf seine Träume. Unselig wirken sie jedoch, wenn er sie durch den Anderen erfüllt haben will.

Der Schulabschluss war für Mutter der Höhepunkt und das Ende jener paradiesischen Zeit zugleich. Das Ereignis wurde mit einem Ball, in Anwesenheit des ganzen Schulkollegiums, gefeiert. Die Mädchen alle in langen, weissen Abendkleidern, und jedes Mädchen hatte das Recht, einen männlichen Begleiter ihrer Wahl einzuladen. Mutter lud ihren Vetter ein, ein grosser Freund von ihr. Er war nur ein Jahr älter als sie. Zum ersten Mal wurde es den jungen Damen und Männern erlaubt, bis zwei Uhr nachts zu tanzen! Mutter schreibt zum Schluss dieses Lebensabschnittes:

„Das ist alles. Die Schulzeit ging zu Ende.
Im Herbst immatrikulierte ich mich ins
Fremdsprachen-Institut. Unsere Kompanie

blieb als solche noch lange Zeit erhalten. Mit einigen dauerte die Freundschaft bis in die Kriegsjahre 1941-45. Dann trieb der Krieg uns auseinander. Wer am Leben blieb, weiss ich nicht ...

Jetzt bleibt nicht mehr viel übrig, um zu schreiben. Ich lernte deinen Vater kennen, und nach zwei Jahren heiratete ich ihn. Die erste Zeit war grosses Glück. Wir reisten viel, waren in der Ukraine ... (habe jetzt den Namen des kleinen Dorfes vergessen, in dem wir uns aufhielten), erinnere mich an weisse Hátki (Bauernhäuschen), mit Kirschbäumen vorne und Gemüsegärten hinten, wo es auch zum Fluss hinunter ging. Ein sehr schönes Plätzchen. Wir bereisten auch das Schwarze Meer, besuchten die Mineralwasser-Kurorte, die Stadt Kislovodsk und noch andere.

Einst sagte ich, ich würde gerne das alte Russland wiedersehen. Wir wählten einen schönen alten Ortsnamen, packten unsere Koffer, setzten uns in den Zug und fuhren los. Ab Bahnstation ging es dann weiter per Bauernkarre, auf die wir lange haben warten müssen, 7 km zu dem von uns gewählten Dorf. Durchgeschüttelt kamen wir an ... in ein Dorf wo die übrig gebliebenen Bewohner absolut nichts mehr besassen. Sie arbeiteten im Sowhós (Kollektivlandwirtschaft) von morgens bis abends, durften weder eigenes Vieh noch Garten haben. Sie hungerten ...! (So etwas war geschehen, nachdem die so gescheiten Regierungsleute unser Russland in die Armut getrieben, überall Hunger und Not gesät hatten). Wir übernachteten in dem Dorf und, von Wanzen zerbissen, fuhren wir am nächsten Morgen wieder weg.

Mit diesem Erlebnis endete meine Suche nach dem alten Russland. Ich verstand, dass ich es nie mehr wiederfinden würde.

Grauer Alltag trat in unser privates Leben hinein. Ich bekam eine Stelle als technische Übersetzerin in der Industrie. Die Reisezeit dorthin, mit Zug und Tram, nahm sehr viel Zeit in Anspruch. Die Industrie befand sich in der Stadt Petrograd. Ich musste zuerst mit dem Arbeiterzug um 5:30 fahren und danach, eine Stunde lang auf dem Trittbrett des überfüllten Trams, ob Frost oder Regen, aussen hängen. Dies hielt ich nicht länger als sechs Monate aus. Mit Hilfe des leitenden Ingenieurs gelang es mir, eine andere Arbeit im Stadtzentrum zu bekommen. Nach den damaligen Arbeitsregeln war ein Stellenwechsel nicht erlaubt, aber er gelang mir, wegen der beschwerlichen Reisezeit, für die ich täglich acht Stunden gebrauchte (um sieben Stunden zu arbeiten!).

Ich werde dir nicht zu beschreiben versuchen, in welchem Zustand ich von der Arbeit nach Hause kehrte. Du wirst es verstehen. Im Tram, auf dem Rückweg, konnte ich sitzen, weil es die Endstation war, aber im Zug musste ich stehen. Danach musste ich noch 25 Minuten zu Fuss nach Hause laufen. Und am nächsten Morgen wieder um 4:30 aufstehen. Nicht jeder junge Mensch hält ein solches Leben aus. Zuhause fingen die Eheschwierigkeiten an. Dein Papa wollte sich am Abend unterhalten, mir war danach nicht zu Mute. Er schlief bis

*12 oder 2 Uhr mittags, ich litt unter
Schlafmangel. Er arbeitete bis 3 Uhr nachts,
während ich schlafen wollte. Wir hatten nur
ein Zimmer, das Licht störte mich. Im Grossen
und Ganzen wurde unser Leben zu einem
Alptraum. Ich hatte nur zwei Wochen Ferien,
er aber wollte anderthalb Monate haben,
wollte ans Meer. Ich konnte nicht mitfahren, er
begann alleine zu verreisen, und alles lief
schief.*

*Deine Geburt hat unsere Ehe auch nicht retten
können. Du warst anderthalb Monate alt als
dein Papa wollte, dass ich mit ihm nach
Petrograd fahre, um Neujahr mit seinen
Bekannten zu feiern. Natürlich ging ich nicht
mit, versuchte mit Tränen ihn dazu zu
bewegen, Zuhause zu bleiben. Aber nein, er ist
nicht geblieben ...“*

Das Phänomen ist weltweit bekannt, und ist bis heute dasselbe
geblieben. Wann ist das Fundament einer Ehe zerrüttet? Es fragt sich
übrigens, woraus ein solches Fundament bestehen könnte, auf dem das
Eheleben die Chance hätte zu gedeihen ...?

*„Dein Papa bekam Arbeit in Polen und reiste
dorthin. Dann kam er zurück und sagte mir, er
sehe jetzt alle seine Fehler ein, bereue sie, und
bat mich, zu ihm nach Polen zu kommen. Ich
glaubte ihm, und wir fuhren zu dritt nach
Polen. Du warst drei Jahre alt. Nach dem
einem Zimmer in der Sowjetunion ein
separates Appartement, bestens möbliert,
bestehend aus drei Zimmern, zwei Balkonen,
Küche und Bad, bewohnen zu dürfen - einen
solchen Luxus hatte ich nicht erwartet. Du
wirst dich daran erinnern. Das war in*

Bjelostók. Aber wir verblieben dort weniger als ein Jahr. Neue Ehekrisen. Und ich reiste mit dir ab.

Bilanz ziehend, gingen wir auseinander und kamen wider zusammen, dreimal. Wer dabei der Schuldige war, das wage ich nicht zu beurteilen. Wir waren verschiedene Menschen und hatten verschiedene Lebensauffassungen. Er war der geliebte Sohn, ich die einzige Tochter. Verschiedene Erziehungen prägten unsere Charaktere. Erst nach zehn Jahren bekam ich von ihm die offizielle Scheidung. Und jetzt ergebe ich mich meinem Schicksal."

April '81. Brasilien.

Kapitel 16

In jeder Sache gibt es ein Vorher, vor dem Anfang, und ein Nachher, nach dem Ende, die Anfang und Ende ausradieren.

Antonio Porchia

Mutter schrieb ihren Erlebnisbericht aus den Kriegsjahren, auf meine Bitte hin, das war ca. anderthalb Jahre vor ihrem Tod im Jahre 1982. Bei der russischen Übersetzung ihres Manuskripts versuche ich ihrem Wortlauf zu folgen, und ihren *Sprechschreibstil* beizubehalten. Nur dort, wo die russische Satzbildung im Deutschen zu ungewöhnlich klingen würde, erlaube ich mir, sie etwas umzugestalten. Sie schreibt in Briefform, an mich adressiert:

> *"Ich beginne zu schreiben ab April 1941, einige Monate vor dem Krieg, in dem Deutschland Russland überfiel. Ich war in Polen, du, Galotschka warst vier Jahre alt. Dein Papa, der zur Zeit dort lebte, hatte sich entschlossen, dich nach Polen kommen zu lassen, um seine dort nicht so gute Reputation zu verbessern. Ich habe mich geweigert, dich mit seiner Schwester gehen zu lassen, denn du warst für mich kostbarer als alles andere, und dich zu verlieren war für mich undenkbar. Aber ich verstand, dass er Recht auf dich hatte (nach damaligen russischen Gesetzen gehörte, bei offizieller Scheidung, die Tochter dem Vater, und der Sohn der Mutter). Dann schlug er vor, dass ich mit dir mitkam, was ich auch tat, und auf diese Weise fanden wir uns in Polen. (Übrigens, das war unser zweiter Besuch Polens, ein Jahr nach dem ersten).*

*Als ich in Polen ankam wurde es mir deutlich,
weswegen ihm deine Anwesenheit nötig war.
Er hatte sich (moralisch) "beschmutzt", hatte
eine andere Frau mit der er verkehrte. Dann
brach der Krieg mit Deutschland aus, und wir
beide versuchten, auf verschiedenen Wegen
zurück nach Hause zu kommen. Ich mit dir
über Moskau, dein Papa - ich weiss nicht wie -
kam vor uns an. Und das erste, wonach er
mich fragte war ob ich seine Sachen mitgebracht hatte. Ich gab ihm zur Antwort, dass
es mir um keine Sachen mehr ging, ich hätte
meine eigenen Sachen zurückgelassen, und wie
ich nach Hause gelangt war, darüber wüsste
nur ich Bescheid ... Ich wurde verwundet, auf
meinem Gesicht trug ich noch einen blut-
durchtränkten Verband. Ihn interessierte dies
alles nicht und er fragte mit keinem Wort nach
deinem Befinden. Dies zeigte mir, dass er dich
und mich nicht mehr nötig hatte. Dies war
unser letzter und endgültiger Abschied.*

*Jetzt werde ich ein Stückchen zum
Vergangenen zurückkehren, damit es für dich
verständlicher wird.*

*Noch vor dem Krieg tauschten wir unser
Zimmer in Zárskoje Selo (oder wie es später
hiess, Djétskoje Selo; noch später wurde es in
Stadt Puschkin umbenannt) für ein Zimmer in
Petrograd, oder sogenannt Leningrad. Meine
Eltern wohnen in Djétskoje Selo, wo sie ein
Zimmer bewohnten im Puschkin Lyzeum. Die
Eltern deines Vaters bewohnten zwei Zimmer,
zusammen mit seinem jüngeren Bruder und
zwei Schwestern. Das war e i n e Wohnung.*

*Du musst wissen, dass in der Sowjetunion
damals grosse Wohnungsnot herrschte.
Sogenannte Kommunalwohnungen wurden
eingeführt, das bedeutete, in jedem Zimmer
wohnte eine ganze Familie ... Die einzelnen
Zimmer gehörten zu früheren herrschaftlichen
Häusern. Dann wurden sie in Kommunalwohnungen aufgeteilt. In der Küche stand ein
grosses Kochherd, wovon niemand Gebrauch
machen konnte, weil es kein Brennholz mehr
gab. Jetzt standen auf dem Herd Spiritus-
kocher, auf welchen die Frauen das Essen für
ihre Familien kochten.*

*Lange vor meiner Heirat hatten wir eine sehr
gute Wohnung in einem zweistöckigen Haus.
Sie bestand aus 4 Zimmern, Bad und Küche,
wo deine Oma den Haushalt führte (ach,
welch' gute und glückliche Zeit das war!)
Darüber aber später...*

(Mutter verweist hier auf ihre jungen Jahre, Kapitel 12, ab Seite 83).

*Allmählich wurden wir aufgefordert uns
"einzuschränken". Wir gaben ein Zimmer ab
an eine alleinstehende Dame, dann gaben wir
noch ein Zimmer ab, auch an eine Alleinstehende, und es blieben uns zwei Zimmer.
So wohnten wir bis zu meiner Hochzeit.
Meinen Eltern wurde noch ein Zimmer
weggenommen, und unter diesen Umständen
zogen wir um in das Puschkin Lyzeum, wo wir
alle zusammen wohnten, in einer Wohnung.*

*Ein Jahr verging sehr gut. Ich war glücklich,
aber später ... Möchte mich gar nicht mehr
daran erinnern. Werde darüber später*

schreiben, und jetzt zum Jahr 1941 zurück-
kehren, als ich mit dir aus Polen zurückkam.
Ich hatte weder finanzielle Mittel noch Arbeit.
Von Panik ergriffen hatte ich mein ganzes
Geld in Polen zurückgelassen, nahm statt
dessen ... (du musst es dir vorstellen) Spiel-
karten mit! Vom Geld deines Vaters habe ich
nie Gebrauch gemacht, ausserdem hat er mir
keines angeboten (obwohl er verpflichtet
gewesen wäre, für deinen Unterhalt einiges zu
zahlen).

Mit Hilfe von Bekannten gelang es mir, eine
Arbeitstelle zu finden. Als Übersetzerin, mit
drei Fremdsprachen, in einem industriellen
Unternehmen. Zusätzlich nahm ich Arbeit mit
nach Hause: technische Zeichnungen. Ich
arbeitete Tag und Nacht, verdiente Geld, und
es fehlte dir an nichts. Moralisch war mein Ruf
auch unantastbar, so dass weder das Gericht,
noch irgend jemand sonst dich mir wegnehmen
konnte. Das Zimmer in dem wir wohnten, war
auf Namen deines Vaters registriert.
Inzwischen wohnte er in Moskau, aber von
Zeit zu Zeit telefonierte er (meistens am
Abend), um sich zu erkundigen, ob ich zu
Hause war.

Ja, Galja, soviel in Kürze, wie ich lebte und
kämpfte um dich. Dein Papa hatte dich nicht
nötig, aber er wollte mir Unannehmlichkeiten
bereiten. Ich trug die Kosten für das Zimmer,
Licht und Telefon. Nach sowjetischen Regeln
hätte ich das Recht gehabt, einen Mitbewohner
abzumelden, wenn der Betreffende 6 Monate
lang nicht im Zimmer wohnte, aber dein Vater
kam immer, eine Woche oder nur einige Tage

*vor diesem Termin an, meldete sich bei der
Wohnungsverwaltung, verbrachte eine kurze
Zeit in unserem Zimmer (manchmal nur
Stunden), und verschwand wieder. Bei der
Scheidung, die er beantragte, war meine
Anwesenheit nicht gefragt. Nach sowjetischen
Gesetzen war dies möglich. Dein Vater liess
dir und mir sein Familienname, und deswegen
galt ich nach Dokument immer noch als seine
Frau. Das Scheidungsdokument hatte ich zwar
in Händen, aber alles zu ändern, die Namens-
änderung im Pass zu ersuchen, dies war
damals viel zu kompliziert und zeitraubend.
Die Zeit dafür hatte ich nicht. Der Pass wurde
auf 5 Jahre ausgestellt. Ich entschied mich,
alles so zu lassen wie es war, und mich später
damit zu befassen. Diese Absicht wurde durch
den Krieg gestört.*

Wie anders, als in meinem kindlichen Erleben, gestaltete sich die
Realität von Mutters Eheleben ...! Und doch vermag mein heutiges
Wissen darüber, meine Erinnerungen an die (für mich) gute Zeit mit
meinen Eltern, und das Bild von meinem Vater, wie er auf mich
gewirkt hatte, nicht auszulöschen. Ich bin froh, die Wahrheit erst jetzt
zu erfahren, und bin irgendwie dankbar, dass Mutter sie mir nicht
schon früher mitgeteilt hatte. Sie hüllte sich in Schweigen, mir und
anderen gegenüber, in Bezug auf ihre erste Ehe. Wo andere Frauen
sich ausgiebig über ihre Ehemänner beklagten, was mich damals
schon, wenn ich dies zufällig mithören musste, unangenehm berührte,
ist meiner Mutter nie ein böses Wort über ihren Ex-Mann über die
Lippen gekommen. Und jetzt ...? Verändert Mutters Darstellung des
Charakters meines Vaters mein Erinnerungsbild? Oder müsste ich ihm
jetzt meine im Herzen getragene Zuneigung, die ich als Kind fühlte,
entziehen? Müsste ich es ihm jetzt übel nehmen, was er Mutter
angetan hat, ihn dafür sogar hassen? Nein, sicherlich nicht. Meine
Kindheitserfahrung ist eine Realität, die meiner Mutter eine andere.

Eigentlich müssten in diesem Fall drei *Realitäten* berücksichtigt werden. Die uns unbekannte, von Vater, einbezogen. Und alle drei wären an sich wahr, jedoch nur als Teil jenes grösseren Wahrheitsbildes das wir, in unserer persönlichen Subjektivität, kaum zu erfassen vermögen.

Gefühle verbinden Menschen. Sie zerren auch Menschen auseinander, bilden Verständigungsbarrieren. Liebe scheint sich in Lieblosigkeit, Gleichgültigkeit, sogar Hass zu verwandeln. Tut sie das wirklich? Ich zweifle daran. Es kommt etwas hinzu, steigt aus dem Gefühlspotential der menschlichen Seele hinauf ... Der Mensch verfängt sich in den Maschen eines *Netzes*, aus dem er sich nicht befreien kann. Er irrt in einem Labyrinth, aus dem er keinen Ausweg findet, und wo jede Kurve ihm eine andere *Realität* vorgaukelt. Die Realität desjenigen Gemütszustandes den er gerade fühlt. Aus einem solchen Labyrinth könnte nur das Bewusstsein befreien, aber dieses ist meistens benebelt. Und so scheint es uns in vielen Fällen, dass die Liebe, einst intensiv gefühlt, auf einmal weg ist, verschwunden, im Nichts aufgelöst ... Nein, Liebe, wenn es Liebe und kein kurzlebiges Leidenschaftsfeuer war, tut es nicht.

Die Liebe lässt sich nicht

*durch menschliche Gebote und Verbote
binden.*

*Vom Wunsch und Willen ist sie völlig
unabhängig.*

"Du sollst ... oder Du sollst nicht lieben",

kennt sie nicht.

*Die Liebe geht nicht weg wenn wir uns
trennen.*

Vorausgesetzt, wir haben sie erlebt.

Sie bleibt im Herzen leben,

und wartet dort in Stille, bis wir uns neu
besinnen,

auf was sie ist und tut.

Sie wirkt verbindend, niemals scheidend.

Sie nimmt,
auch wenn wir mehrere Menschen lieben,

keinem etwas weg.

Nur Eifersucht, die dumme, verhindert, dass
wir sehen,

was Liebe ist und kann.

Ich denke, dass Mutter trotz allem, als sie auseinandergingen, Vater noch liebte. Möglicherweise auch alle Jahre danach. Ihre zweite Ehe, mit dem Mann der mir, nach anfänglichen Schwierigkeiten, als zweiter Vater ans Herz gewachsen ist, war auf Basis von Freundschaft gebaut. Eine Beziehung, der sie auch volle Treue hielt. Wer weiss, liebte mein leiblicher Vater Mutter auch noch, als er sich von ihr scheiden liess ... Nein, ich möchte nichts idealisieren, ich weiss es ja nicht, aber gerade deswegen möchte ich die Möglichkeit offen lassen, dass es so sein könnte. Und was könnte der eigentliche Scheidungs-grund gewesen sein? Damals, wie auch heute, und wie ich später selbst erfahren habe: die fehlende Reife, das fehlende Vermögen, sich selbst und infolgedessen auch den anderen zu kennen. Die fehlende, echte Kommunikation und noch so vieles mehr, was man (eventuell) viel später lernt. Mutter war viel zu jung, (erst 22), als ich geboren wurde. Für beide Eltern viel zu früh, um die Aufgaben der Ehe und der Elternschaft zu bewältigen. Diese einfache Erkenntnis macht es mir weiterhin möglich, meine Kindheitserlebnisse so zu lassen wie sie sich meiner Erinnerung eingeprägt haben. Sie waren für mich real.

Den Bericht meiner Mutter nehme ich um so aufmerksamer wahr, und versuche mich jetzt auch in ihre Realität, wie sie diese beschreibt, einzufühlen:

„Ich kehre jetzt zum Unterbrochenen zurück.

Damit ich mit euch zusammen sein konnte, d.h. mit Bábuschka, Djéduschka und dir, musste ich meine Arbeitstelle aufgeben, und meine Sachen, wenigstens die wertvollsten, irgendwohin bringen. Das war nicht einfach, aber ich habe es geschafft. Die ganze Familie deines Vaters waren mit ihm zusammen aus Djétskoje Selo ausgezogen. Unsere letzte Begegnung fand statt in unserem Zimmer in Petrograd. Seine letzten Worte waren: "Fährst du weg, um die Deutschen, mit Kuchen zu empfangen?" Diese Worte sind mir bis heute in Erinnerung geblieben. Ich sehe auch immer noch sein Gesicht ... ein schönes aber so kaltes, es zog mich nicht mehr an. Zwischen uns war alles beendet, ich wusste, und fühlte, dass ich ihn nie mehr wiedersehen würde. So geschah es auch. Über sein weiteres Schicksal weiss ich nichts. Ebensowenig habe ich je die Sachen gesehen, die ich in unserem Zimmer in Petrograd zurückgelassen hatte. Alles war für mich verloren ... ich bin weggegangen, alles hinter mir lassend, um mein Schicksal mit euch, die ich liebte und die für mich wichtiger als alle anderen waren, zu teilen.

Jetzt, über die schwierigste Zeit. Die deutsche Okkupation sowjetischer Territorien. Bis zum Oktober 1941 war Djétskoje Selo (28 km von Petrograd) durch die Sowjetische Regierung besetzt. Die Deutschen befanden sich in mehr als 100 km Entfernung. Der Krieg war dort. Djétskoje Selo wurde von den Deutschen nicht bombardiert. Nur zufällig fiel einmal eine Bombe auf ein zweistöckiges Haus. Im oberen

*Stock stand in einer Ecke ein Bett, darauf sass
eine alte Frau und neben ihr zwei Kinder, ihre
Enkelkinder vermutlich. Über dem Bett hing
eine Ikone der Mutter Gottes. Die anderen drei
Ecken des Hauses waren zerstört. Nur die eine
Ecke, in der die alte Frau mit Kindern sass,
blieb erhalten. Dies habe ich mit eigenen
Augen gesehen. Ein Beweis des Glaubens an
Gott. Mutter Gottes hat sie gerettet!*

*Es gelang mir zu der Zeit eine Arbeitstelle als
Sekretärin in einer sowjetischen Behörde zu
bekommen, und jeden Tag ging ich, zusammen
mit anderen Angestellten, Frauen und
Männern, 5 km weit, um dort mit dem Spaten
Erde für Antipanzer-Gräben auszuheben. Die
Deutschen kamen dann trotzdem mit ihren
Panzern in die Stadt Djétskoje Selo. (Selo
bedeutet Dorf) Die (später zur Stadt erklärte)
Ortschaft zählte 1000 Einwohner. Weil
Bábuschka sich weigerte aus Djétskoje Selo
wegzuziehen, dies obwohl meine Kusine, die
im Exil, weit weg, in der Stadt Ufa lebte, uns
zu sich rief, und ich die Stadt auch nicht
verlassen wollte, blieben wir alle zusammen in
Djétskoje Selo. An Lebensmitteln-Vorräten
hatten wir beinahe nichts mehr. Nur noch eine
kleine Menge getrockneter Brotscheiben
(Bábuschka wollte nicht daran glauben, dass
man es brauchen würde, dass es Hunger geben
könnte), ein bisschen geschmolzene Butter
(aus diesem Fett bereitete sie uns das Essen),
etwas Sonnenblumenöl, und das einzige,
wovon wir viel hatten, war Zucker. Bábuschka
wollte, wie immer, Konfitüre kochen. Dafür
hatte sie viel Zucker im Vorrat. Dieses Mal*

war es ihr nicht gegeben, Konfitüre zu kochen, stattdessen musste auch sie die Hungersnot erleben. Und es dauerte nicht mehr lange bis sie kam. Als die Deutschen schon 18 km vor Djétskoje Selo (in der Stadt Gatschina) standen, flohen die Kommunisten aus Djétskoje Selo. Verwundete sowjetische Soldaten erschienen in der Stadt, wohin sie gehen sollten, wussten sie nicht. Ihre Offiziere überliessen sie ihrem Schicksal. Sie hatten zur zweit nur ein Gewehr, was konnten sie machen? Nichts. Es blieb ihnen nichts anderes übrig als zu kapitulieren, sich gefangen nehmen zu lassen, was sie auch taten ... (Ich werde zu diesem Punkt nochmals zurückkehren, wenn ich darüber schreiben werde, wieso die Deutschen den Krieg verloren haben).

Ich wusste nicht, was ich tun sollte. Untätig herumsitzen konnte ich nicht. Von mir hing das Leben von vier Menschen ab, Bábuschka, Djéduschka, du und ich selbst. Wir assen nur noch einmal pro Tag, am Morgen. Bábuschka kochte jedem von uns einen Suppenteller voll dünnen Mehlbrei. Du bekamst ein Glas Milch dazu und einen Löffel geschmolzener Butter. Ich hatte eine Bäuerin ausfindig machen können, die noch eine Kuh besass, die uns für dich Milch gab. Und dann, eines Tages ging ich mit schweren Gedanken aus dem Haus, in den Aleksandrowskij Park. Dieser Park war einem Wald sehr ähnlich. Ich lief auf der Hauptallee, dachte über mein früheres Leben nach, und über das, was sich jetzt ereignete. Wechselte dann auf ein Seitenpfad und sah plötzlich Pilze! Ich begann sie zu sammeln, schaute um mich herum und sah ... das ich von Leichen umringt war. Sechs oder sieben tote Soldaten. Vom Schrecken erfasst, liess ich die Pilze los, und rannte nach Hause. Diese waren die ersten Toten die ich in meinem Leben gesehen hatte.

Die Deutschen erreichten Djétskoje Selo. Offensichtlich waren schon vorher die so-genannten "Deutsche Kukkucks" (Spione) in die Stadt eingedrungen. Sie trugen russische Soldatenuniformen, und sprachen ein perfektes, akzentfreies Russisch. Einmal traf eine deutsche Bombe die Kuppel der Kirche des Ekaterinenpalastes. Diese "Kukkucks" meldeten es sofort dem deutschen Stab und es gab danach keine Fehler (Fehlschüsse) mehr.

Djétskoje Selo, oder wie es früher hiess, Zárskoje Selo (das Zarendorf) bestand aus zwei Palästen, den Ekaterinen- und den Aleksanderpalast. Der erste aus den Zeiten von Ekaterina der II war ein Paradebau, sehr schön, aber wenig komfortabel. Der Aleksanderpalast, von Ekaterina für ihren Enkel, Aleksander der I gebaut, war sehr gemütlich. Er erinnerte an etwas nahes, vertrautes, unserer (dworjanskij) Landgüter, nur war er natürlich viel prunkvoller. (Dworjani = der frühere Landadel). Es gab dort zwei Parks, der Aleksandrowskij Park, der waldähnlich aussah, und der Ekaterinskij Park, sehr schön, mit einem grossen See und einem Türkischen Bad an seinem Ufer. Die beiden Parks schlossen sich an noch einen anderen an, den Bablowskij. Dieser war nicht umzäunt, er war ein Wald. Im Aleksandrowskij Park befand sich ein sehr schönes Gebäude, das Chinesisches Theater. Dieses war eine Miniatürkopie des Marijnski Theater in Leningrad, welches in diesem Krieg zum grossen Bedauern total ausbrannte.

Kehre nun zurück zur Ankunft der Deutschen in Djétskoje Selo. Wir, d.h. alle Bewohner des 4-stöckigen Gebäudes des früheren Puschkin Lyzeums, befanden uns drei oder vier Tage lang im Keller. Die Keller (es gab deren zwei) waren grosse Räume mit hohen Decken. Dort standen die Kessel für die Zentralheizung des ganzen Gebäudes. Seit zwei Jahren funktionierten sie aber nicht. Es gab keine Kohle mehr. Die Deutschen befahlen uns allen, heraus zu kommen.

Wir kamen. Maschinengewehre waren auf uns gerichtet, und im ersten Moment dachte ich, dass man uns alle erschiessen würde. Aber alles ist glimpflich verlaufen. Sie dachten, dass sich Militaristen in den Kellern versteckten. Nach einigen Tagen wurde uns erlaubt, in unsere Wohnungen zurückzukehren. Die Gefahr für uns war gewichen, und wir konnten wieder in unseren Betten schlafen, uns waschen, umziehen, und uns wie Menschen fühlen, wenn auch mit leeren Magen.

In Djétskoje Selo lebten viele Juden, aber nicht alle haben die Stadt verlassen, als die Sowjets sich zurückzogen. Viele blieben zurück, die meisten waren alte Leute die nicht glaubten, dass die Deutschen sie schlecht behandeln würden. Dann kam das deutsche Kommando:

Alle Juden sollten auf dem Platz vor dem Ekaterinskij Palast erscheinen, Und was geschah? Die Männer im Alter zwischen 18 und 40 Jahren wurden in das Gefangenenlager nach Gatschina transportiert. Die anderen wurden erschossen.

Für mich begann eine sehr schwere Zeit. Du bekamst Keuchhusten, ich trug dich bei Temperaturen von -25 bis -30 Grad ins Puschkin-Gärtchen, das sich neben dem Lyzeum befand, damit der Keuchhusten schneller heilen konnte. Nach dem Keuch-husten bekamst du noch eine Kinderkrankheit, die zum Glück in einer leichteren Form verlief, so dass du nicht zu lange das Bett hüten musstest. Zu der Zeit waren wir in der Küche, nur du lagst krank im Bett. Plötzlich und unerwartet hörten wir einen furchtbaren Knall. Die Fensterscheiben zerbrachen (sie hatten doppeltes Glas), und das Zimmer wurde von einem unheimlichen Licht erhellt. Wie wenn ein Feuer im Zimmer ausgebrochen wäre. Ich rannte in die Schlafecke, zu deinem Bett, und Gott sei Dank, du lebtest, aber erschrocken, strecktest mir deine Ärmchen entgegen, umfasstest mein Gesicht, und wir beide weinten. Ich hörte deine Worte: „Mama, was ist das?". „Nichts, Galjuscha, das ist Krieg ...", antworte ich. Wir mussten die Löcher in den Fenstern irgendwie abdichten (wir hatten seit ca. zwei Monaten keine Elektrizität und kein Wasser mehr) aber womit? Der Frost draussen war bitter, der Schnee war noch nicht gefallen, es war im November. Wir fanden einige Bretter,

*schlossen damit das eine Fenster. Über das
andere hingen wir einen Teppich. Im ersten
Fenster liessen wir eine kleine Öffnung frei,
für das Tageslicht. Tageslicht gab es erst ab 8
und bis 16:30 Uhr. Für die übrige Zeit
gebrauchten wir Öllämpchen oder Kerzen,
oder wir sassen alle beim Ofen, wenn geheizt
wurde.*

*Die sowjetische Armee hatte die Kanonen vom
Kreuzer "Aurora" an das Ufer von Newa
transportiert und feuerte daraus täglich,
immer um dieselbe Zeit (jeweils 5 Granaten,
morgens und abends). Sie versuchten den
Ekaterinenpalast zu treffen, weil sie
vermuteten, dass sich in seinem rechten Flügel
die deutsche Geheimpolizei (Gestapo) befand.
Sie trafen aber nie. Die Geschosse flogen
entweder zu kurz oder zu weit.*

*Der Ekaterinenpalast war nach der Form des
Buchstaben P (im kyrilischen Alphabet)
gebaut. Das Puschkin-Lyzeum (so genannt,
weil Puschkin, unser russischer Schriftsteller
dort studierte), war zu seiner Zeit durch eine
Arkade mit dem Palast verbunden. Zwischen
dem Lyzeum und dem Puschkin-Gärtchen
befand sie die Znamenskaja Kirche. An ihrem
Eingang stand die Widmung: Peter dem I. von
Ekaterina der II. Im Puschkin-Gärtchen stand
ein Denkmal zu Ehre Puschkin. Zur Zeit der
deutschen Okkupation wurden in der
Znamenskaja Kirche noch immer Gottes-
dienste abgehalten. Ich erinnere mich an einen
Tag. Die Kirche war voll, das sowjetische
Geschoss traf das Dach, zerbrochenes Glas
regnete von überall, herunter. Keine einzige*

*Glasscherbe jedoch hat irgend jemanden
verletzt. An dem Tag war ich auch in der
Kirche. Ist das nicht einleuchtend? ... Ich
liebte es in dieser Kirche zu beten, sie war
klein aber sehr gemütlich, mit keiner Pracht
ausgestattet, aber sie prädisponierte zum
Gebet.*

*Wie viele Male ging ich, zusammen mit
anderen Frauen, einen 6 bis 8 km langen
Weg, und einmal versammelten uns die
Deutschen, und fuhren uns weit weg auf die
Kartoffelfelder, wo wir für sie Kartoffeln
ausgraben mussten (weiss nicht mehr welche
Menge für sie, und was übrig blieb durften wir
dann haben). Ich weiss noch, wie auf dem
Rückweg die Sowjets unser Fahrzeug
beschossen, aber die Geschosse (kleine)
explodierten entweder vor oder hinter uns.
Alle Frauen im Lastwagen beteten. Gott hat
uns beschützt. Wie ich einen halben Sack
Kartoffeln durch den Ekaterinskij Park nach
Hause geschleppt habe weiss nur Gott.*

*Ein anderes Mal ging ich mit Xenja, eine
junge Frau meines Alters, in das Dorf
Kusmeno auf Kartoffelsuche. Hier muss ich dir
erklären: nicht weit von Puschkin, d.h.
Djétskoje Selo, ca. 3-4 km entfernt, war der
Pulkowskij Hügel. Auf seiner Höhe war ein
Observatorium gebaut. Ein Teil davon war
von den Deutschen besetzt, der andere von
Sowjets. Die Anhöhe dieses Berges befand sich
in Richtung Petrograds. In der Nähe vom
Pulkowskij Observatorium gab es Kartoffelfelder, noch unberührt. Xenja und ich
begannen rasch zu graben und die Kartoffeln*

*einzusammeln. Als die Deutschen uns sahen,
begannen sie uns zuzurufen, dass wir
weggehen sollten, wir aber achteten nicht auf
ihre Schreie, so froh waren wir über unseren
Fund, und setzten unsere Arbeit fort. Erst
dann, als die deutschen Soldaten zu schiessen
und zu schreien begonnen, dass die Felder, auf
denen wir uns befanden, vermint waren ...
rasten wir davon. Keine einzige Mine
explodierte. Gott hatte uns aufs Neue gerettet.*

*Dies alles führte mich zu traurigen
Erkenntnissen. Ich sah ein, dass ich meine
Familie nicht vor dem Tod retten konnte, und
so sehr ich dies nicht wollte, es blieb mir keine
andere Wahl als bei den Deutschen nach
Arbeit zu suchen. Die deutsche Sprache
beherrschte ich, also ging ich mit schwerem
Herzen in die Kommandantur. Dort traf ich
eine russisch-deutsche Frau, mit der ich ins
Gespräch kam. Sie gab mir den Rat, in die
Küche arbeiten zu gehen, Kartoffeln schälen.
Sie arbeitete auch dort, und so ging ich
dorthin, mit ihr zusammen. Für diese Arbeit
bekamen wir Suppe und Brot (einen Leib pro
Woche). Die Kartoffelschalen durften wir
mitnehmen. Die Menge Suppe war genug für
uns vier, aus Kartoffelschalen bereitete
Bábuschka für uns Röstküchlein. Sie
schmeckten bitter, aber mit Zucker waren sie
einigermassen essbar. Zuerst wusch
Bábuschka die Kartoffelschalen, dann wurden
sie gekocht, durch den Fleischwolf gedreht
und trocken auf der Herdplatte gebacken.
Einmal sah ich im Zimmer wo wir die
Kartoffeln schälten, Schweinespeck auf dem*

Tisch liegen. Deutsche Soldaten hatten es in Stücke geschnitten, um sie später einzuschmelzen. Ich konnte mich nicht beherrschen, nahm drei Stücke, ass eins davon und brachte die anderen zwei nach Hause. Dieses Stehlen hätte mich meinen Kopf kosten können, aber glaube mir Galotschka, ich konnte es einfach nicht lassen, so sehr verlangte mein Organismus nach Fett. Ich hatte seit Monaten keines gesehen.

Von der deutschen Frau bekam ich ein Gebet, die Worte davon verstand ich nicht, sie sagte mir nur, ich sollte es immer bei mir haben. Ich kopierte es zweimal, gab eine Kopie meiner Mutter, die andere trug ich überall mit mir herum. Sie sagte es würde mir nichts zustossen, solange ich das Gebet bei mir hätte. Später, bereits in Brasilien, verschwand das Gebet, ich weiss nicht wie. Diese deutsche Frau, sie war um die 65 Jahre alt, hatte eine Tochter, einen Schwiegersohn der Schrift-steller war, und eine Enkelin. Diese war operiert und ging auf Krücken. Der Schwiegersohn starb vor Hunger. Sie reiste später mit Tochter und Enkelin zurück nach Deutschland.

Jetzt werde ich dir eine sehr tragische Geschichte erzählen. Es geschah bei uns im Lyzeum, in einem Stockwerk tiefer. Dort wohnte eine sehr stille, intelligente (gebildete) Familie, Vater und Mutter beide Lehrer, und drei Kinder im Alter von 3, 8 und 10 Jahren. Der Vater wurde von den Deutschen ins Kriegsgefangenenlager verschleppt (darüber habe ich dir schon geschrieben), und die

Mutter hat aus Hunger den Verstand verloren. Als die jüngste Tochter, Lenotschka, starb, befahl sie der ältesten ihr ein Messer zu bringen. Damit sie Lenotschka in Stücke schneiden und aufessen konnte. Das Mädchen kam zu uns gerannt und bat um Hilfe. Wir gingen hinunter, nahmen Lenotschka und brachten sie ins Puschkin-Gärtchen, wo wir sie in eine Erdspalte legten, die durch Bomben- und Granatsplitter aufgerissen wurde. Die Menschen hatten die Spalte tiefer ausgegraben und sie war voll Leichname. Fünfzig bis sechzig Menschen starben zu der Zeit pro Tag. Bis zum Friedhof war es zu weit, ausserdem hatte niemand die Kraft, die Toten dorthin zu tragen und zu begraben. Die Erde war bereits gefroren. Am nächsten Tag starb auch die Mutter von Lenotschka.

In der ganzen Umgebung gab es keine Katzen, Ratten, Hunde, Vögel mehr. Alles wurde aufgegessen. Der Hunger allein herrschte in unserer Stadt. Zwischen Ende Januar und Anfang Februar 1942 beschlossen die Deutschen, die übriggebliebene Bevölkerung aus der Stadt in die Gebiete zu evakuieren wo noch nicht gekämpft wurde. Die Evakuierung sollte zu Fuss vollzogen werden, nur Kinder und alte Leute wurden per Lastwagen transportiert. Diejenigen aber, die so schwach waren, dass sie nicht mehr gehen konnten, wurden unterwegs erschossen.

Ja, Galya, das war eine schreckliche Evakuierung. Die alten Leute wurden hinter Stacheldraht in einem Lager abgeladen. Wie die Deutschen ihre eigenen Leute

*evakuierten, weiss ich nicht, ich glaube, sie
gingen zuerst nach Estland und von dort nach
Deutschland. Die Deutschen, die in der Küche
arbeiteten, wurden an die Front geschickt.
Kurz bevor sie weggingen wurde der Befehl
erlassen, das Lyzeum zu räumen. Für
Bábuschka war dies die schwerste Zeit. Sie
hatte absolut alles in ihrem Haushalt
zurücklassen müssen...*

(es folgte an dieser Stelle die Aufzählung der einzelnen Sachen, die
ich hier weglasse).

*Ich kann nicht alles aufzählen was sie besass
... alles musste zurückgelassen werden, um das
eigene Leben zu retten. "*

Ich wusste aus Mutters früheren Erzählungen, wie sehr Bábuschka an
ihrem Haushalt hing, mit wieviel Freude sie ihn führte. Früher, auf
dem Landgut, hatte sie Bedienstete, musste nicht alles selber machen.
Aber: *Damit du andere für dich arbeiten lassen kannst ...* dies sagte
auch meine Mutter, *musst du genau wissen wie die Arbeit getan
werden muss, und du musst sie auch selber tun können.* Bábuschka
konnte alles selber tun und, als sie schon längst keine Angestellte und
kein Landgut mehr hatte, tat sie das auch. Die Sachen, die ihr übrig
geblieben waren, so z.B. die traditionellen Kupferschüssel für
Einkochen von Konfitüre, spezielles, für verschiedene Koch-, Back-
und Bratgerichte geeignetes Geschirr, das feine Porzellan, das
Silberbesteck und so vieles mehr, was damals nötig war, weil alles
von Hand zubereitet wurde ... Für Bábuschka müssen diese Sachen
mehr als nur einen Nützlichkeitswert gehabt haben. Als die
Hungersnot ausgebrochen war konnte sie die meisten Sachen sowieso
nicht mehr gebrauchen, sie verbanden sie aber mit ihrem früheren
Leben. Ein Leben in Frieden, in dem sie ihren Platz hatte, umringt von
Schönheit und Opulenz.

Wie man alles selber machen musste, in Zeiten von Unfrieden, Hässlichkeit und bitterer Armut, musste Mutter auch erfahren. Und sie tat es ohne sich zu beklagen. Nur auf die paar schönen Sachen die sie bei sich hatte, konnte sie nicht verzichten. Sie waren wie Balsam für ihre verwundete Seele. Dies alles verstand ich als junges Mädchen damals noch nicht ...

„Es war nicht leicht, die vertraute Wohnung zu verlassen. Djéduschka und ich wussten genau, dass Bábuschka ihr ganzer Haushalt verloren sein würde. Irgendwann haben wir wie Menschen gelebt (ein würdevolles, menschliches Leben gelebt), und dies alles war nötig: diese speziellen, schweren, gusseisene, innen emaillierten, ovalen Pfannen ... diese kleinen Backformen für Kekse ... Formen für Zalivnoje (ein traditionelles, russisches Sülzegericht) ... spezielles Geschirr für Fischgerichte ... (ach, ich weiss nicht mehr was sonst noch ...) Ja, ich erinnere mich noch an eine handgetriebene Kaffeemühle! Ich mahlte darin Eicheln und Getreide, für den Ersatzkaffe ... (irgendwann wurden darin echte Kaffeebohnen gemahlen).

Es tat weh, dies alles zurücklassen zu müssen. Es waren ja alles russische, Sachen, (keine sowjetische). Die Menschen lebten damit, gebrauchten sie. Solche Sachen besassen ja nicht nur die reichen Menschen ..."

Kapitel 17

**Um sich zu erheben, ist es notwendig, sich
zu erheben, aber es ist auch notwendig,
dass es Höhe gibt.**

Antonio Porchia

*„Rossija (Russland) war ja früher ein reiches
Land. Es exportierte ins Ausland nicht nur
Getreide, auch andere Produkte. Das Brot war
genug für alle. Und an die wologodskoje
Butter (aus Wologda) erinnere ich mich noch
heute ... Ja, Galya, das waren goldene Zeiten
und jetzt? Wieviele Jahre hungert schon die
Bevölkerung der Sowjetunion? Nein, ich will
nicht vergleichen was einmal war und was es
heute gibt. Meine Rossija gibt es nicht mehr,
heute, es sind mir nur die Erinnerungen an das
Gute geblieben, das für immer verloren ist".*

In diesem Abschnitt ihres Schreibens, den ich hier sehr verkürzt
wiedergebe, taucht Mutter ein in Reminiszenzen einer Vergangenheit
die sie als junges Mädchen noch erleben durfte. Sie bringt eine *Rossija*
ins Bild in der es an Delikatessen verschiedenster Sorten (in *Spezial-
geschäften* verkauft) nicht gefehlt hat. Ich habe keinen Grund an die
Wahrheit ihrer Worte oder die Echtheit ihrer Erlebnisse in *jener Welt*
(der priviligierten Schichten) zu zweifeln. Doch waren es *zwei Welten,*
so wie es sie heute auch in jedem *reichem Land* gibt. Mutter schreibt
dies im Jahr 1980, bezieht sich auf die damalige Notlage der
Bevölkerung ihres Heimatlandes, erinnert sich an was es früher in
ihrer Rossija alles gab ... Bemerkenswert ist nur, dass bei jedem
Abschnitt Geschichte die geschrieben wird Idealisierungen
bestimmter Lagen und blinde Flecken auf andere nicht zu vermeiden
sind. Und so bleibt es bei einem Roman ...

Zurückkehrend zur aktuellen Lage im Kriegsgebiet, setzt sie ihre
Erzählung fort:

> *„Djéduschka und ich vereinbarten mit-*
> *einander, Bábuschka nicht zu sagen dass wir*
> *gezwungen waren, in ein Keller umzuziehen.*
> *Weil ich keine andere Wohnstätte für uns*
> *finden konnte. Es gelang mir, von den*
> *Deutschen ein Pferd mit einem Karren zu*
> *bekommen, und morgens um 7 Uhr haben wir*
> *darauf unsere Sachen, in Säcke verpackt,*
> *geladen. Dann noch Galotschkas Bett, ein*
> *Sofa, ein wenig Geschirr, und so zogen wir*
> *fort, in die neue Wohnung. Als Bábuschka sah,*
> *wohin ich sie gebracht hatte, weinte sie,*
> *wandte sich an mich und sprach mit so viel*
> *Bitterkeit: „Ich habe noch nie in einem Keller*
> *gewohnt und du hast mich in ein Keller*
> *gebracht". Ich antwortete: „Vergiss nicht*
> *Mama, es ist jetzt Krieg, hier bist du in*
> *Sicherheit. Morgen fahren Papa und ich in*
> *unsere Wohnung zurück und holen dir was du*
> *willst". Am nächsten Tag fuhren wir,*
> *Djéduschka und ich ... und fanden unsere*
> *ehemalige Wohnung geplündert. Durch wen,*
> *weiss ich nicht. Sogar die Spiegel waren aus*
> *den Schränken herausgenommen worden. Was*
> *mich aber am meisten schmerzte, war eine*
> *Standuhr. Sie brauchte nie repariert zu*
> *werden, ging auf die Sekunde genau und*
> *schlug jede Viertelstunde mit Musik. Weg war*
> *die Uhr. Deprimiert kehrten wir "nach Hause"*
> *zurück. Ich weiss nicht mehr, was wir*
> *Bábuschka sagten, an unseren Gesichtern wird*

sie wohl erraten haben, was geschehen war, und stellte keine Fragen.

Ich vergass, dir noch über eine Tatsache zu erzählen. Einst, als wir noch im Lyzeum wohnten und ich in der deutschen Küche arbeitete, war ich auf dem Weg zur Arbeit, vergass etwas in der Wohnung und stieg vom zweiten Stockwerk wieder hinauf in das dritte, wo wir wohnten. In dem Moment ertönte unten ein furchtbarer, starker Knall, und als ich unten wieder ankam, sah ich, dass ein Geschoss die Wand getroffen hatte. Wenn ich nicht nach oben gegangen wäre, wäre ich getötet .

In jenen Zeiten, als ich aus dem Haus ging, war ich nie sicher, ob ich nach Hause zurückkehren und dort alle gesund und am Leben antreffen würde. Angezogen war ich wie folgt: zwei Paar Unterwäsche, Kleid, darüber noch einen Anzug und Mantel. Du kannst dir vorstellen, wie dick deine Mutter aussah. Um mich selbst hatte ich keine Angst, ich ging ruhig, wie wenn ich fühlte, dass jemand hinter meinem Rücken stand und mich beschützte. War es das Gebet der deutschen Frau, oder sonst noch etwas, ich weiss es nicht. Meine Gedanken waren nur bei euch. Einmal (wir wohnten schon im Keller), bin ich 18 km weit gegangen, um bei den Bauern irgend etwas einzutauschen (an Geld war niemand interessiert, nur an Sachen oder am Gold). Als ich mich auf dem Rückweg mit zwei Kilo Getreide befand, war ich sehr traurig, weil die zwei Kilo Getreide so gut wie nichts waren ... weil der Hunger in unserer Familie herrschte.

Auf dem Rückweg wurde ich von Sowjets
beschossen, in den Schnee geworfen, und erlitt
trotzdem keine Verletzungen. Das geschah in
Sofia (ein Vorort von Zárskoje/Djétskoje Selo).
Kurz vor dem Zuhause (Keller) nochmals
sowjetische Schüsse. Ich suchte Schutz in
einem Hauseingang. Die Front befand sich ja
in der Nähe, ca. 4 bis 5 km weg. Dies, fühlte
ich, war das Ende meiner Prüfungen.
Djéduschka hatte vor Hunger bereits
geschwollene Beine, und Bábuschka, einst eine
vollschlanke Frau, war zum Skelett
abgemagert. Ja, und für dich war auch keine
Nahrung mehr vorhanden.

Ich ging in die Kommandantur und bat um ein
Passpapier für die Evakuierung. Bekam das
Papier bis nach Luga (mehr als 100 km von
Puschkin, d.h. Zárskoje Selo). Der
Oberleutnant der mir den Pass ausstellte,
warnte mich. Ich sollte im ersten Dorf, auf
dem Weg dorthin, nicht anhalten, wenn ich die
Sachen die ich bei mir hatte behalten wollte.
Weil in dem Dorf die deutschen Soldaten
raubten was sie nur konnten. Ausserdem sollte
ich nicht den direkten Weg nach Gatschina
nehmen, sondern auf Seitenwegen gehen, um
nicht auch in das Lager und hinter Stachel-
draht zu gelangen. Mit diesen Informationen
versehen, dankte ich dem Oberleutnant, kam
nach Hause (in den Keller) erzählte alles, und
dann begannen Djéduschka und ich uns aus
zwei paar Skier Schlitten zu bauen. Für dich,
Galya, hatten wir einen kleinen Schlitten, den
ich später an meinen anhängte. Bábuschka
nähte mir zwei Säckchen aus Pelzstücken, für

die Füsse. Darüber zog ich flache Gummi-
stiefel an (ich hatte zwar noch andere, aber sie
waren nicht geschickt für einen so langen Weg
zu Fuss). Unter einem Mantel hatte ich Mamas
Pelzmantel an. Unter seinem Futterstoff war
Stoff für zwei Kleider eingenäht. Djéduschka
hatte einen sehr guten Wintermantel, darüber
trug er noch einen Regenmantel. An den
Füssen trugen alle, ich ausgenommen,
Walenki (Schneestiefel).

Du warst so eingepackt, dass nur noch deine
Äuglein zu sehen waren. Auf jeden Schlitten
luden wir einen Sack, auf meinen nahm ich
noch einen Koffer dazu, auf deinem Schlitten
waren deine Lieblingsspielsachen eingepackt
(ich erinnere mich wie du weintest, weil ich
deinen geliebten Teddybär, den braunen
Mischka, zurückgelassen hatte, aber du weisst
ja nicht, dass ich gezwungen war aus dem
Koffer auch andere Sachen herauszunehmen,
weil der Schlitten zu schwer für mich
geworden war, ich konnte ihn nicht von der
Stelle bewegen. In einer solchen Aufmachung,
schwer beladen, mit nur etwas getrocknetem
Brot als Nahrung und einer Flasche
kirchlichen (alkoholfreien) Wein waren wir
startbereit. Ich hütete den Wein wie meinen
Augapfel. Wir beteten und begaben uns früh
am Morgen auf den Weg. Der Frost war -30
Grad. Es war im März 1942 und der -40 Grad
Frost war schon vorbei. Wir gingen sehr
langsam, ohne anzuhalten, denn in unserem
Schwächezustand war es sehr gefährlich, uns
auf die Schlitten zu setzen. Man konnte auf der
Stelle erfrieren. Ich gab jedem einen Schluck

Wein und wir gingen weiter. Wir passierten die früheren Kasernen die ausgebrannt waren, nur die Wände und die Schornsteine standen noch, gingen weiter, waren alleine auf dem schmalen Seitenweg. Als ich aufmerksam hinschaute, erblickte ich an beiden Seiten des Weges menschliche Arme und Beine, die aus dem Schnee herausragten, daneben auch verlassene Sachen. Diese erfrorenen Menschen und ihre Sachen waren nicht nur an einer Stelle zu sehen. Sie lagen auf der ganzen Strecke, die wir zu bewältigen hatten.

Mama wurde müde, bat mich ihr zu gestatten, sich auszuruhen. Ich aber wusste, dass wir in Bewegung bleiben mussten, immer vorwärts gehen, damit nicht auch wir, wie jene Erfrorenen, auf der Strecke bleiben würden. Ich ging als erste voraus, hinter mir Mama und als letzter Djéduschka. Dann sah ich vor uns etwas Dunkles, was das war, konnte ich nicht erkennen. Als ich näher kam sah ich zwei Frauen, ihre Sachen daneben und ein etwa zehnjähriges Mädchen. Die Frauen waren bereits tot, das Mädchen war am erfrieren. Ich wollte es mitnehmen, aber es hätte nichts genützt ... (Dieses Bild steht mir, wie wenn ich es heute sehen würde, vor Augen). Ich betete, Gott gib mir Kraft, damit ich euch drei retten kann.

Wir erreichten das erste Dorf, vor dem mich der Oberleutnant gewarnt hatte. Er hatte recht, wie Haie stürzten sich die deutschen Soldaten auf uns, nicht mal meine deutschen Sprachkenntnisse konnten uns in dem Moment helfen. Schon wollten sie sich des

*Wintermantels von Djéduschka bemächtigen,
dann aber, zum Glück, erschien ein deutscher
Offizier. Ich wandte mich an ihn mit der Bitte,
uns vor den Räubern zu beschützen. Er gab
den Soldaten einen Wink, und wir konnten
ruhig dieses Räuberdorf passieren.*

*Wieder ein Schluck Wein und weiter ... Die
Dämmerung traf ein, es wurde schnell dunkel,
ich erblickte eine patrouillierende, deutsche
Gestalt. Galya, du wirst es nicht glauben
können, ich habe noch <u>niemals</u> so gebetet wie
in jenem Moment, dass wir an dem Soldaten
vorbeikommen konnten. Und ... Gott erhörte
mich. Wir gingen ruhig an ihm vorbei, er
schien uns nicht zu sehen, oder ich weiss nicht
was. Zu dem Zeitpunkt bat Bábuschka mich
wieder, sich ausruhen zu dürfen, aber ich blieb
unerbittlich, auch wenn es mir sehr schwer
fiel. Ich sagte: „Geh vorwärts, siehst du dort
das Lichtlein - dort werden wir uns ausruhen".
Ich hatte tatsächlich ein Lichtlein gesehen,
aber es war weit weg, und es kam mir vor, als
ob es sich immer weiter von uns entfernte.
Dennoch, es leuchtete und zeigte uns den Weg.*

*Mit solchen Schwierigkeiten erreichten wir
das Dorf, in dem der Dorfälteste uns nicht zu
sich ins Haus hereinlassen wollte, weil sein
Haus bereits voller Menschen war und es kein
Platz mehr gab. Doch als er Galotschka und
Mama sah, liess er uns hinein ... (in die
Küche). Dieser Dorfälteste war ein Finne. Wir
brachten unsere Decken und Kissen, die
übrigen Sachen liessen wir dort stehen, wo
auch sein Pferd stand, baten den Mann, uns
kochendes Wasser zu geben, tranken es, assen*

unsere letzten Scheiben trockenen Brotes und fielen wie Tote in den Schlaf. Wir waren 18 km zu Fuss gegangen, die erste Etappe unseres Weges.

Am nächsten Tag konnte ich mit dem Dorfältesten vereinbaren, dass er uns mit seinem Pferd in ein ihm bekanntes, finnisches Dorf bringen würde. Ich bezahlte ihn für unsere Übernachtung und für den Transport, setzte Galotschka und Mama auf den alten Bauernschlitten, lud darauf unsere Sachen, selbst aber ging ich mit Djéduschka weiter zu Fuss. Nach 5 km erreichten wir das Haus eines Verwandten des Dorfältesten. Dort konnten wir drei Tage bleiben, uns ausruhen und zu Kräften kommen. Das erste, was ich dort sah war, dass die Hausfrau uns einen gusseisernen Topf mit gekochten Kartoffeln auf den Tisch stellte, und einen Leib Roggenbrot dazu. Djéduschka und ich wollten schon die Kartoffeln mit der Schale essen. Bábuschka jedoch liess es nicht zu, sie befahl uns, die Kartoffeln zu schälen, und gab jedem von uns drei Kartoffeln und ein Stück Brot. Mein Gott, ich konnte kaum glauben, dass ich ein echtes Roggenbrot ass! Wie gut es schmeckte.

Wir blieben bei dieser Familie drei Tage lang. Danach bat ich den Mann, uns mit seinem Pferdeschlitten bis zum Dorf Orlino zu bringen. Er sagte zu, wollte aber einen sehr hohen Preis dafür. Wir bezahlten mit Kleidungsachen und mit Djéduschkas goldener Uhr. Der Weg dorthin, auf Seitenwegen, war ca. 80 km lang. Mama (Bábuschka) und Galya fuhren auf dem Schlitten, Djéduschka und ich gingen zu Fuss. Ich weiss nicht mehr wie das Dorf hiess, wo wir einen Tag und zwei Nächte verbrachten, und dann weiter, immer weiter. So erreichten wir das Dorf Orlino und es empfing uns wie Verwandte!

Früher verbrachten wir in diesem Dorf den Sommer, waren dort bekannt. Aber auch in Orlino hungerte die Bevölkerung. Es tat uns ganz besonders leid, die Kinder anzusehen. Sie alle hatten geschwollene Bäuche, bleiche Gesichter mit eingefallenen Augen. Irgend etwas musste getan werden. Mama (Bábuschka) erkrankte durch das Leiden dem wir ausgesetzt worden waren, sie hatte ein schwaches Herz, weiter gehen konnte sie nicht mehr. Meine Füsse waren wund und bluteten. Verzweifelt begab ich mich in die deutsche Kommandantur, zeigte mein Passpapier (bis Luga), erklärte alles und bat um Erlaubnis, in Orlino zu bleiben. Der Kommandant war ein sehr sympathischer Mensch, er erlaubte uns zu bleiben, aber verlangte dafür meine Arbeit als Dolmetscherin in der Kommandantur. Ich konnte nicht anders als mich damit ein-verstanden zu erklären, da wir uns in unserem Zustand nicht weiter bewegen konnten.

Ich erinnere mich an einen Fall, als ich zum ersten Mal in die Kommandantur kam und mein Passpapier vorlegte. Dort sass eine Dolmetscherin, und ich trug ihr meine Bitte vor. Sie aber übersetzte sie auf ihre Art und nicht genau so, worum ich bat. Dann sprach ich selbst, formulierte meine Bitte, der Dolmetscherin war es peinlich zu erfahren,

dass ich die deutsche Sprache beherrschte.
Kurz darauf verliess sie Orlino. Ein zweiter
Fall:

Ich kam in die Kommandantur (war dort
bereits im Dienst), der Kommandant hörte
Radio, es interessierte mich, und so hörte ich
auch zu. Die Sendung war in englischer
Sprache, er fragte mich, ob ich diese Sprache
kannte und wenn ja, ob ich ihm übersetzen
konnte, was gesprochen wurde. Ich übersetzte
(es war reines Englisch, kein Amerikanisches).
Es erwies sich, dass er auch englisch konnte.
Ich übersetzte es richtig und merkte selbst
nicht, wie automatisch ich die richtigen Worte
wählte. Der Kommandant machte normaler-
weise keine Bemerkungen, nur jetzt erwähnte
er dies. Dann erzählte ich ihm, dass ich im
Institut für Fremdsprachen mein Studium
abgeschlossen hatte, und danach als
technische Übersetzerin mit drei Sprachen
(Englisch, Deutsch und Französisch)
gearbeitet habe.

Während meiner Arbeit in der Kommandantur
traf ich viele deutsche Offiziere und ich muss
sagen, dass sie gar nicht schlecht gegenüber
der russischen Bevölkerung gestimmt waren.
In unserem Rayon (und es war ein grosses
Gebiet) gab es keine Hinrichtungen, es gab
keine Gehängten, keine Bestialitäten. Die
Deutschen fürchteten die Partisanen und
kämpften gegen sie, aber in unserer
Umgebung gab es sie nicht. Orlino war ein
Ort zum Ausruhen für die Militaristen, die von
der Front kamen und dort eine Woche oder
zwei verbrachten, um danach wieder an die

Front zurückzukehren. Unser Kommandant,
der auch für den Pferdepark zuständig war,
empfand sogar eine Liebe für die Russen. Sein
ältester Bruder, der am Grossen Krieg (1914)
beteiligt und in Russland gewesen war, sprach
sehr gut über die Russen. Der Kommandant
kam deswegen der Bevölkerung sehr entgegen,
und mit seiner Hilfe gelang es, den Hunger im
Dorf zu besiegen. Dies hat zwar Monate
gedauert aber dann gab es keinen Hunger
mehr. Die Soldaten halfen den Bauern ihre
Felder zu bestellen, die Verteilung der Milch
für die Kinder wurde organisiert (nicht alle,
aber viele Bauern hatten ihre Kühe behalten
und jetzt, genauso wie früher, als wir für den
Sommer hierher kamen, hörten wir die
Kuhglocken, wenn die Bäuerinnen die Tiere
auf die Wiesen hinaus führten). "

Es fällt mir auf, während ich Mutters Manuskript übersetze, wie oft
sie in ihrem Schreiben die Gegenwartsform gebraucht, *jetzt* und *ist*
sagt, statt *damals* und *war*. Es wird mir dadurch deutlich, dass sie das
Vergangene erlebt, wie wenn es Gegenwart wäre, wie wenn es jetzt
geschehen würde! Aus diesem Grunde verändere ich ihre Satzbildung
nicht, fühle mich nicht berechtigt, diese zu korrigieren.

„Im Herbst 1942 konnten die Bauern die erste
Ernte einbringen (natürlich nur mit Hilfe der
Deutschen). Dann musste das Korn noch
gedroschen werden. Fast jede Hata (so
hiessen die Bauernhäuschen) hatte ihre eigene
Tenne, die Menschen halfen einander beim
Dreschen, und so war das Korn bald
bearbeitet und in Säcke gefüllt. Die Mühle, die
sich ausserhalb Orlino befand, wurde wieder

*in Betrieb gesetzt und die Bauern fuhren
dorthin, um ihr Getreide zu mahlen.*

*Jetzt ist mir vieles aus der Erinnerung
entschwunden, aber ich war dabei, als das
Korn gedroschen wurde, und ich fuhr auch mit
zur Mühle. Und so, im Herbst 1942, war in
Orlino der Hunger beendet. Ein kleiner Teil
des Geernteten wurde den Deutschen
abgegeben, der Rest gehörte den Bauern.
Erinnere mich noch, wie die Deutschen
irgendwelche Samen brachten, und an die
Bauern verteilten, ausser Kartoffeln weiss ich
jetzt nicht mehr, welche. Der Roggen und den
Weizen für die Aussaat wurde aus den
Vorräten des Kolchosen geliefert (was noch
vorhanden war). Im Jahr 1942 gab es eine
kleine Ernte, im 1943 aber eine gute.*

*Für mich wurde auch ein kleines Stück Land
bearbeitet, es wurde geerntet, gedroschen und
gemahlen. Bábuschka und Djéduschka
brauchten nicht mehr zu hungern, sie hatten
auch Kartoffeln, anderes Gemüse und Brot.
Auch Brennholz wurde für sie zur Verfügung
gestellt. (Ich schreibe dir alles, Galotschka, in
Kürze. Es fällt mir sehr schwer, mich an alles
im Detail zu erinnern, aber ich denke, du wirst
dir eine Vorstellung bilden können, wie es war
in jenen Jahren).*

*Jetzt werde ich dir noch eine wahre
Geschichte erzählen. Es gab einen Deutschen,
einen Offizier, der alte, kupferne Ikonen
sammelte. Solche gab es nur bei den Staroweri
(das sind auch orthodox-gläubige Menschen,
die aber alte Sitten und Bräuche einhalten,*

sowohl in der Religion wie auch im täglichen Leben. So zum Beispiel essen und trinken sie nur aus ihrem eigenen Geschirr). Mit diesem Offizier ging ich einmal auf Pferderücken in ein mir früher bekanntes Dorf, Protosofka, das lag 7 km von Orlino entfernt. Ich erinnerte mich an dieses Dorf noch aus Zeiten, als ich ein Kind war und wir im Sommer dorthin fuhren, eine kleine Ortschaft, mit nur wenigen Häusern, aber sehr malerischem Anblick, mit einem Fluss (in dem ich beinah ertrank, aber darüber später), mit Feldern, Wäldern, ein sehr reiches Dorf, mit sehr guten Datschas am Rande.

Es war Sommer '43. Was sah ich jetzt? Leere Felder, ein beinahe verlassenes Dorf, nur noch einige alte Leute. Ich fragte, ob Baba Zina dort noch lebte (ihren Familiennamen wusste ich nicht mehr), und wo sie wohnte. Man zeigte mir ein Haus ... Das Dach war verfault, die Wände standen schief, der Zaun war zerbrochen ... das nannte man ein Haus ...! Ihr eigenes Haus stand leer an der anderen Strassenseite. Es war gut gebaut. Die ganze Familie war Staroweri (staro = alt; weri = Gläubige). Ich trat alleine ein, Baba Zina erkannte mich nicht (es waren ja mehr als 20 Jahre vergangen). Ich sah eine armselige Greisin, als ich ihr meinen Namen nannte, erinnerte sie sich an die alte Zeit und weinte bitterlich. Sie war allein, man hatte ihr alles weggenommen, ihre Familie und ihren Haushalt, und sie hierher, in diese Hütte geworfen(*) um vor Hunger zu sterben. Ihr Kopf und ihre Hände zitterten, aber im

Halbdunkel des Zimmerchen war es sauber.
(Ich erinnerte mich, wie sauber und schön und
gemütlich es einst gewesen ist, in ihrem
eigenen Haus).

Mit Mühe gelang es mir sie dazu zu bewegen,
eine oder zwei kleine Ikonen für Brot, Zucker,
Speck, usw. einzutauschen (ich sagte dem
Deutschen, er sollte ihr alles geben was er bei
sich hatte), ich wollte ihr mit irgend etwas,
irgendwie helfen in dem Moment. Der
Deutsche sah, mit wieviel Mühe Staroweri sich
von ihren Ikonen trennten. Baba Zina besass
eine ganze Ikonostase, eine ganze Ecke des
Zimmers war mit Ikonen gefüllt, mit einem
Öllämpchen (lampadka) in der Mitte, aber
sich davon trennen wollte sie nicht. Sie gab
mir nur zwei kleine Ikonen.

Ich verliess Protosowki mit schwerem Herzen.
Es war mir ein neuer Beweis dessen, was
einmal war und jetzt geworden ist ..."

(*) Mutter gebraucht in diesem Satz das Verb *werfen*, schreibt, dass man die alte
Frau in jene zerfallene Hütte *geworfen* hat. Auf deutsch wäre es besser gewesen, das
Wort *verbannt* dafür zu gebrauchen. Man hat die Frau dorthin verbannt, und sie
ihrem Schicksal überlassen, d.h. unter damaligen Umständen, vor Hunger sterben zu
lassen. Ich lasse aber bewusst das Wort *geworfen* stehen, weil es im russischen zwei
Bedeutungen hat. Die erste ist *werfen (oder wegwerfen)*, die zweite, *verlassen*. Beide
Bedeutungen stimmen in diesem Fall, und zeichnen genau das Schicksal vieler
Menschen (Bauern) in jener Zeit. Sie wurden von den Beamten der sowjetischen
Regierung tatsächlich wie Gegenstände behandelt, aus ihren Dörfern sozusagen
hinausgeworfen, in andere, für sie fremde Gebiete gebracht (darüber habe ich schon
geschrieben), und man verliess sie dort, kümmerte sich nicht mehr um sie. Sie
wurden ihrem Schicksal überlassen. Das Bild ist in russischer Redewendung
deutlich in diesem einen Wort *(geworfen)* enthalten. Der Mensch wurde aus seiner
vertrauten Umgebung *hinausgeworfen* und rücksichtslos, dem Hungertod geweiht,
verlassen.

Kapitel 18

Der Mensch ist eins, der Fluss ist eins, der Stern ist eins. Eins, eins, eins. Es gibt eine Unendlichkeit der Eins. Und es gibt nicht eine Zwei!

Antonio Porchia

Mutter schreibt weiter:

„Jetzt erzähle ich dir vom ganz Schweren für mich, wie ich mich von Mama, Papa und Orlino trennte. Ende 1943 fuhr ich zusammen mit Galotschka nach Estland (in die Stadt Narwa), kehrte aber im Januar 1944 zurück nach Orlino. Dort herrschte schon Chaos, es gab keine Ordnung mehr, kein Pferdepark, weil die politische Lage sich verändert hat. Sowjetische Armeen waren im Vormarsch und die Deutschen gaben ihnen die besetzten Gebiete zurück. Als der Pferdepark aus Orlino wegging, übergab mich der Kommandant einem anderen deutschen Teil, dabei stellte ich die Bedingung, dass, wenn die Deutschen den Krieg verlieren und Russland verlassen sollten, sie meine Familie auch nach Deutschland mitnehmen würden. Major von W. gab mir sein Ehrenwort, dass dies geschehen würde.

Im Januar 1944 verbrachte ich mit Mama und Papa die letzten sechs Tage. Mama bat mich, Galotschka bei ihr zu lassen (dies zeigt, dass du ihr kostbarer warst als ich, so sehr liebte sie dich!). Ich konnte mich damit nicht

einverstanden erklären, bat sie, sich bereit zu
halten, weil die Deutschen sie abholen
kommen und wir dann wieder zusammen sein
würden. Traurig schüttelte sie ihren Kopf und
sagte mir, sie fühle, dass sie uns zum letzten
Mal sieht. Sie segnete uns und nahm mir das
Versprechen ab, dass ich nach Orlino zurück
kommen würde, wenn der Krieg zu Ende ging,
ihr Grab aufsuchen und Panichida
(orthodoxer Gottesdienst für die Verstorbenen)
abhalten lassen würde. Ich habe die Panichida
abhalten lassen, aber hier in Brasilien. Als ich
mich beim Abschied umdrehte, sah ich, dass
sie umfiel und Djéduschka sie auffing und auf
den Armen ins Haus trug. So sah ich Mama
zum letzten Mal, sie war nur 62 Jahre alt.

Als ich auf der Station Siverskaja (18 km von
Orlino) ankam, luden die Deutschen mich und
Galotschka in ein Fahrzeug und schickten uns
weiter (wie ich später erfuhr, in die Stadt
Narwa). Viele Fahrzeuge bewegten sich auf
der Strasse, Soldaten gingen zu Fuss, der Weg
wurde von Sowjets beschossen, aber die ganze
Zeit flogen die Geschosse entweder zu weit
oder nicht weit genug. Wie ich später erfuhr,
hatten die Deutschen kaum Zeit gehabt, die
Siwerskaja Station zu verlassen, als die
Sowjetische Armeen ins Dorf marschierten.
Es gab für die Deutschen keine Möglichkeit
mehr, meine Eltern herauszuholen. Mama
hatte recht - wir hatten uns zum letzten Mal
gesehen.

Als ich Ende 1943 in Narwa war haben die
Deutschen alle Russen, die von Sowjets
weggehen wollten, heraus-geholt. Mit ihrer

ganzen Bagage, mit den Kühen und anderen
Tieren. Einige von ihnen traf ich später in
Riga (Lettland). Jetzt, nach mehreren Halten,
und mit vielen Schwierigkeiten erreichten wir
die Stadt Narwa. Ich erkannte sie nicht, so
stark hatte sie sich innerhalb von dre Monaten
verändert. Die Stadt war voll verwundeter
Soldaten, sie lagen auf dem Boden, die Ärzte
arbeiteten Tag und Nacht, während neue
Soldaten (die meisten von ihnen auch
verwundet) fortwährend ankamen. Die Sowjets
hatten bereits begonnen, die Umgebung von
Narwa zu bombardieren. Nach einer Woche
fuhren wir weiter ins Innenland von Estland,
wieder im Auto, Richtung Stadt Pedu. Meine
Sachen (die mir Mama so sorgfältig gepackt
hatte) waren verschwunden, andere Sachen,
zurückgelassen auf der Station Siwerskaja,
wurden von zwei 16-jährigen Mädchen in
Schutz genommen. Sie luden sie auf einen
Güterzug und so kamen sie sicher in Pedu an.
Diese Mädchen waren speziell ausgebildete
Scharfschützen, die Deutschen holten sie in
der Stadt Gatschina von einem Baum herunter
(kannst du dir das vorstellen - Kinder die ihre
Stadt vor den Deutschen beschützten?!) Die
Sowjets hatten sie aus der Schule geholt, ihre
Eltern befanden sich, glaube ich, in Petrograd.

Dieser deutscher Major von W. war ein sehr
guter Mensch, äusserlich kein schöner Mann,
klein, mit krummen Beinen und schielenden
Augen, aber er hatte ein gütiges Herz. Er hat
sich um diese Mädchen gekümmert, wie wenn
sie seine eigenen Töchter gewesen wären, und

schickte sie zu seiner Frau nach Berlin, wo er ein Gut besass.

Pedu lag in einem Wald, in der Mitte war ein Fluss, es war eine sehr schöne Ortschaft. Wir blieben dort einige Monate, dann ging es weiter nach Riga. Aus Riga fuhren wir weiter auf dem Schiff nach Gotenhafen, Deutschland. Das Meer war voll schwimmender Minen und es war so ein Nebel, dass wir einige Stunden still stehen mussten (die ganze Zeit gab das Schiff Signale durch Horn und Glockengeläut). Gott sei Dank erreichte unser Schiff wohlbehalten sein Bestimmungsort.

Aus Pedu fuhren wir zu viert, d.h. zwei russische Frauen mit estländischer Staatsangehörigkeit (weil sie mit Esten verheiratet waren), du und ich (mit gefälschten Dokumenten, nach denen wir auch estländische Staatsbürgerschaft besassen), und ein kleiner Junge, von seinen Grosseltern mir anvertraut, den ich bis Gotenhafen mitnehmen und zu seiner dort wohnenden Tante bringen sollte. Um meine falsche estländische Staatsangehörigkeit hatte sich der Major von W. gekümmert, dem ich bitter vorwarf, dass er mir versprochen hatte, meine Eltern herauszuholen, sein Versprechen aber nicht eingelöst hat. Nicht einlösen konnte.

Als wir uns noch in Pedu aufhielten, kam dorthin ein Bursche aus Orlino (wie er es geschafft hat, nach Pedu zu kommen, weiss ich nicht), er sagte mir, dass die Sowjets meine Eltern erschossen hatten. Wegen mir, weil ich mit den Deutschen weggegangen war und sie sich dafür an meinen Eltern gerächt haben. Ob dies wahr ist oder nicht - ich weiss es nicht - als Tote habe ich meine Eltern nicht gesehen, und bis wir in Brasilien ankamen betete ich noch um sie, wie um Lebende. Nur dann, als ich einen Traum hatte, begriff ich, dass Mama tot war. Der Traum war wie folgt: Eine Brücke, vollkommene Finsternis, Mama ganz im Schwarz, zog mich an der Hand über die Brücke auf die andere Seite, auf der nichts zu sehen war. Ich bat sie, mich loszulassen, weil auf dieser Seite, von der sie mich wegzog, Galotschka war. Böse, liess sie mich los, stiess mich von sich und sagte: „Also geh dorthin!" Und sie verschwand in der Dunkelheit.

Nach diesem Traum liess ich die Panichida abhalten. Papa habe ich nie im Traum gesehen. Mit Mama hatte ich einen besonderen Kontakt, sie konnte immer fühlen, wenn mit mir etwas nicht gut war.

Kehre nun zurück zum Unterbrochenen. Wir, d.h. Alotschka E., Olimpiada J., du und der Junge, in Gotenhafen. Dank diesem Jungen hatten wir die Möglichkeit, in die Privat-wohnung seiner Tante zu ziehen. Es ergab sich, dass der Junge noch eine zweite Tante hatte, die ihn zu sich nahm. Wir blieben ca. zwei Monate in Gotenhafen und reisten danach weiter, nach Unterlus, wo Olimpiada eine Schwester hatte und noch andere Bekannte (ihr Familienname war Fetinghof), aus Estland. Sie lebten im Wald, weil der Mann als Förster für jenes Waldgebiet zuständig war."

An dieser Stelle erinnerte ich mich auch an das ziemlich grosse Haus, mitten im Wald, mit einem Garten mit Äpfel- und Birnbäumen ringsherum, und wie köstlich mir eine Birne schmeckte, die Mutter einmal, abends, vom Baum holte und mir gab! Dass man so etwas nie mehr vergisst, auch wenn man nicht mehr weiss, wo und wann genau man es erlebt hat ... Mutter erinnert sich auch:

„Die Wälder in Deutschland waren nicht zu vergleichen mit denen in Russland, verträumte, sich endlos erstreckende, in denen es leicht war, sich zu verirren, wenn man den Weg nicht kannte. Wir gingen dort Beeren und Pilze sammeln, aber Djéduschka hatte immer einen Kompass bei sich, so brauchten wir keine Angst zu haben, den Weg zurück nicht mehr finden zu können. In Deutschland sind im Wald Wege angelegt, auf denen die Menschen spazieren gehen ....

In einem solchen Wald stand eine prächtige Datscha, mit Garten ringsherum, in der Bekannten von Olimpiada lebten. Die erste Zeit wohnten wir bei ihnen, dann konnten wir in ein Lager umziehen, der sich neben einem Militärlager befand. Dort arbeitete die Schwester von Olimpiada als Dolmetscherin.

Für dich musste ich eine Schule finden und für mich selbst Arbeit, denn Geld hatten wir sehr wenig. In Deutschland gab es zu der Zeit das Lebensmittelkarten-System, aber um alles kaufen zu können was man auf Karten bekommen konnte, brauchte man Geld. Dies, obwohl alle Produkte billig waren (zwar gab es davon wenig, nur die Kinder hatten es gut), aber ohne Geld bekam man nichts.

Im Lager mussten wir nichts bezahlen, weder für das Zimmer noch für das Essen (ich glaube, wir bekamen einmal pro Tag eine Suppe). Etwas hatten wir noch aus Estland mitgebracht, eine kleine Menge Lebensmittel, ich glaube, es war Speck, Mehl, Grütze und Zucker. In Deutschland konnten wir einen Sack Kartoffeln und Zwiebeln eintauschen, so kann ich sagen, dass wir in Deutschland nicht hungerten. Im Lager wohnten Deutsche und andere Menschen aus Estland, Ungarn und anderen Ländern, die Verbündete von Deutschland waren. Etwas weiter entfernt befand sich ein Lager für die Ost-Russen, wo sie sehr schlecht verpflegt wurden. Es gab noch ein Lager für Polen, und irgendwo auch ein Lager für die Juden. Ich sah sie nur, als sie zur Arbeit geführt wurden.

Alle mussten arbeiten, aber nicht alle bekamen Geld und Lebensmittelkarten dafür. Nur unser Lager. Die übrigen arbeiteten für ihr Essen, weil sie "Untermenschen" waren. So wurden sie von den Deutschen betrachtet, so wurden sie genannt und mussten ein Zeichen tragen, auf dem das Wort OST stand.

Dies alles wurde vom verrückten Hitler angeordnet! Für sein Volk, die Deutschen, hat er viel getan und soll für sie gut gewesen sein ... Die anderen Völker betrachtete er nicht als Menschen, sie standen für ihn unter den Tieren. Und deswegen, weil er die Juden erschiessen liess und sie in Konzentrationslagern umkamen, und weil er russische Kriegsgefangene, die sich zu Kriegsbeginn zu Tausenden ergaben, hungern und sterben

*liess, wegen dies allem (sein Wunsch war, die
ganze Welt zu beherrschen), verlor er den
Krieg.*

*Hätte er den russischen Gefangenen Waffen
gegeben, und sie gegen die Sowjets kämpfen
lassen, wäre (vielleicht) der Ausgang des
Krieges anders verlaufen. "*

Ja, aber wie viele Russen wären in diesem Fall umgekommen, getötet
durch ihre eigene Landsleute, vielleicht ihre eigenen Verwandten?
Wie leicht vergessen wir noch immer, dass eine Uniform nicht
identisch mit dem Mensch ist, der drinnen steckt. Manche
identifizieren sich damit, das ist wahr, und verlieren ihre
Menschlichkeit, andere tragen die Uniform und bleiben trotzdem
Mensch. *(Du, Mama, hast es ja selbst erfahren in diesem Krieg ...)*
Leider ist es bis heute noch so, dass Menschen nach ihren Uniformen,
Denkart, Religion, Hautfarbe und anderen Merkmalen beurteilt
werden und nicht nach ihren menschlichen Qualitäten. Und so wüten
die Kriege nach wie vor in verschiedenen Gebieten dieses geplagten
Planeten. Vielleicht erkennen diejenigen, die nach wie vor anders
Uniformierte bekämpfen erst im Jenseits, nachdem alle Uniformen
verfault sind, dass es darunter nur Menschen gegeben hat ...

*„Aber Hitler's Plan war ja, alle Russen und
Ukrainer nach Sibirien und Ural zu
verbannen, und die fruchtbarsten Gebiete
seinem Volk, den Deutschen zu übergeben.
Deutschland war zu klein und es hatte nicht
genug Land.*

*Die Russen wussten, dass es leichter wäre, mit
dem eingedrungenen Feind fertig zu werden,
ihn zu besiegen, als mit den Sowjets. Die
russischen Soldaten wollten nicht für die
Sowjets kämpfen, sie liessen sich von
Deutschen gefangennehmen, aber als sie*

erfuhren, was sie in Gefangenschaft erwartete,
wurden sie grausam. Partisanen erschienen,
diese stellten sich gegen die Deutschen und
gegen die Sowjets zugleich. Dies während die
sowjetischen Soldaten ...

Hier macht Mutter einen deutlichen Unterschied zwischen *russischen*
und *sowjetischen* Soldaten, die ersten vermutlich solche die vom
kommunistischen System wenig überzeugt waren, vielleicht sogar
Antikommunisten waren, die aber ihrer Militärpflicht in der
sowjetischen Armee nicht entkommen konnten.

... die inzwischen Hilfe aus den USA
bekommen hatten (Waffen, Kleidung und
Verpflegung) vorwärts marschierten und für
alles was die Deutschen getan hatten,
Vergeltung übten. Die letzteren gaben dafür
ihr Leben und die besetzten Gebiete zurück.
Dreimal hat es einen Attentat auf Hitler
gegeben, er überlebte sie alle, unterdessen
mussten so viele sterben ... Zweimal boten die
Franzosen und die Engländer Hitler Frieden
an, es war ihm alles zu wenig, er wollte die
ganze Welt ergreifen und bekam dafür den
"Krach" ...

Mutter gebraucht hier, ungewöhnlich, das deutsche Wort Krach. Sie
meint vermutlich den vollständigen Zusammenbruch des Deutschen
Reiches.

So, jetzt kehre ich nach Unterlus zurück. Du
gingst in die Schule, zusammen mit dem
Mädchen Fetinghof, die dir half und ins
russische übersetzte was die Lehrerin sagte.
Ich fand Arbeit, musste irgendwelche
Kügelchen polieren, für irgendwelche
Gewehre. Alotschka und Olimpiada fanden

Arbeit in der deutschen Küche. Jeden Tag gab
es Luftalarm, aber die Amerikaner
bombardierten Unterlus nicht. Sie flogen
vorbei, zielten entweder auf Berlin oder
Hannover. Mit 500 Flugzeugen. Du kannst dir
den Lärm vorstellen, die jene Flugzeuge
machten.

Die Menschen (Deutsche und andere)
flüchteten in den benachbarten Wald, wir aber
beteten, zogen uns aus und legten uns ins Bett,
eng an einander gedrückt, wenn der Luftalarm
am Abend ertönte".

Dies weiss ich auch noch! Ich kann in meiner Erinnerung sogar die
Baracke noch sehen und das Zimmer, in dem wir wohnten, das Bett,
in dem Mutter und ich zusammen schliefen, und ihren Körper der
mich wärmte und beschützte ...

Kapitel 19

Solange man lernt, weis man nicht, wodurch man lernt.

Antonio Porchia

„Wie sehr die Amerikaner auch versuchten Hannover zu bombardieren, ging dort das Leben und die Arbeit unterirdisch weiter. Ich bin nicht in Hannover gewesen, aber man erzählte mir, dass auf der Oberfläche alles zerstört lag, ausgebrannt, tiefe Graben durch Bomben gerissen, dennoch hielt Hannover 32 Luftangriffen stand und blieb lebendig. Wie die Deutschen bauen konnten! Dies muss man ihnen anrechnen.

Ende Oktober oder November kam ich zum zweiten Mal nach Berlin. Alotschka E. wollte dort nach ihren Eltern und Bekannten suchen, da sie aber die deutsche Sprache nicht beherrschte, bat sie mich, mit ihr zusammen dorthin zu fahren. Ich sagte zu und wir fuhren nach Berlin. Ich erkannte die Stadt nicht, so zerstört war sie. Nur die Kurfürstendamm-strasse blieb erhalten, (die Strassenbahnen fuhren aber nicht mehr), aber das, was ich sah, hat mich erschüttert. Ich weiss nicht, wie viele Kilometer lang sah man an beiden Seiten der sogenannten Strassen nur Röhren und Teile von Wänden aus Ziegelsteinen. Aber das Leben in Berlin ging trotzdem weiter, und mit Lebensmittelkarten konnte man Produkte kaufen oder im Restaurant eine Mahlzeit

essen, oder im Café einen Ersatzkaffee trinken
und schön aussehendes, aber leeres Gebäck
essen (allerlei Ersatz war in Deutschland eine
wunderbare Sache, so z.B. Butter-, Zitronen,
Orangengeschmak u.s.w.)

In einem Café traf Alotschka einige ihrer
estnischen Bekannten, und erfuhr über das
Schicksal ihrer Eltern. Diese befanden sich in
Berlin und am nächsten Tag besuchten wir sie
(sie wohnten in einem kleinen Hotel, das noch
nicht zerstört war). Wir besuchten mit ihr auch
das einst so berühmte russische Restaurant
"Medwjed" (Bär). Übrig geblieben waren
darin nur die altrussischen Türen und die
Möbel. Drinnen spielte irgendein Orchester,
wir tranken und assen irgend etwas und
gingen weg. Der Bekannte von Alotschka
begleitete uns. Ich erfuhr, dass in der Nähe
von Berlin ein russisches Lager war, wir
begaben uns dorthin, aber der Besuch dieses
Lagers hat uns nicht befriedigt. Ich traf dort
mir bekannte russische Burschen die mich
fragten: „Was müssen wir tun? Hier sind alle
Kommunisten, sie werden uns den Sowjets
ausliefern". Ich antwortete: „Wartet, Jungen,
ich bin gerade angekommen, werde mich
umsehen und euch dann sagen, was ihr tun
musst". Ja, und was entdeckte ich? (...)

An dieser Stelle lasse ich einige Details aus Mutters Bericht weg, weil
sie sich auf Politisches beziehen, das, im Rahmen dieser Geschichte,
heute nicht mehr wesentlich ist. Es genügt zu erwähnen, dass Mutter
offensichtlich über gute Menschenkenntnisse verfügte, ein scharfes
Wahrnehmungsvermögen und eine Spürnase, die es ihr ermöglichte,
sozusagen hinter die Kulissen einer Lage zu blicken, die Situation
schnell zu erfassen und zu analysieren. Diese Talente haben ihr in

vielen schwierigen Situationen das Leben gerettet und ich verdanke ihnen sicher auch mein Leben. So entdeckte sie, dass ein deutscher Offizier (ein Baron aus dem Baltikum, der fliessend russisch sprach, den sie an der Station Siwerskaja getroffen hatte, und der im Lager bei Berlin einen leitenden Posten hatte), inzwischen stark kommunistisch angehaucht war, so dass weder von ihm noch von seinen Helfern Hilfe für die Russen im Lager erwartet werden konnte. Also sagte sie den Burschen zum Abschied: *„Verschwindet, Jungen! Und haltet euch versteckt, jeder von euch wie er kann, denn hier ist für uns kein guter Platz".*

> *„Als ich nach Unterlus, nach Hause kam,*
> *schrieb ich detailliert in einem Bericht an*
> *Major von W. alles was ich im Lager bei*
> *Berlin gesehen habe, und bat ihn um Hilfe.*
> *Er hatte seine Beziehungen und Bekannt-*
> *schafen und hatte die Möglichkeit, irgend*
> *etwas für mich zu tun. Ich kannte seine*
> *Feldpostnummer".*

Mutter schreibt hier *für mich*, während sie um Hilfe für die anderen bittet. Dies zeigt in diesem Falle, wie sehr sie sich mit jenen anderen Menschen im Lager verbunden fühlte.

> *„Ich bekam von Major von W. eine Antwort,*
> *diese war zugleich sein Abschiedsbrief aus*
> *Memel (verschickt von dort mit dem letzten*
> *Flugzeug), in dem er mir mitteilte, dass er für*
> *mich alles getan hat was nur möglich war, und*
> *dass bei ihm in der Truppe jetzt nur noch*
> *Deutsche waren, alle Russen hatte er nach*
> *Deutschland geschickt, und so war sein*
> *Gewissen sauber. In der Beilage zu diesem*
> *Brief erhielt ich eine Schachtel mit hundert*
> *Zigaretten. Mit diesem Brief war meine*
> *Verbindung nach Russland und zu allen dort*

*Verbliebenen abgebrochen. Memel, es ist
wahr, war nicht Russland, aber immerhin eine
östliche Zone. Memel war von allen Seiten
durch die sowjetischen Truppen eingekesselt,
die Deutschen kämpften bis zur vorletzten
Patrone. Die letzte, so schrieb mir Major von
W., war für jeden einzelnen von ihnen selbst
bestimmt. Es fällt mir schwer, mich an jene
Jahre zu erinnern, nur meine Jugend hat es
mir damals ermöglicht, alles zu durchstehen.*

*Bald bekam ich den Befehl, mich nach
Münzingen zu begeben, die entsprechenden
Dokumente wurden für mich erstellt. Ich setzte
mich mit Galotschka in den Zug, nachdem ich
unser Gepäck nach Stuttgart-Münzingen
aufgegeben hatte. Wir fuhren mit einem
Umstieg in München, danach musste man sich
in den Zug hineinzwängen, so voll war er.
Unterwegs war alles zerstört, aber die
Deutschen hielten trotzdem ihre Ordnung.
Unser Zug wurde unterwegs von einem
amerikanischen Flugzeug bombardiert. Wir
alle sprangen heraus, liefen in ein Feld,
gingen dann zu Fuss bis zu irgendwelcher
Station und nahmen von dort einen anderen
Zug, welcher uns schlussendlich nach Stuttgart
brachte. Dort musste ich mit Galotschka
mehrere Stunden auf den Zug nach Münsingen
warten. Wir kamen erst am Abend in
Münsingen an, zum Lager mussten wir noch
3 km zu Fuss gehen. Ermüdet und hungrig, mit
einem Koffer in einer Hand der (obwohl er
klein war), mir schmerzhaft den Arm
herunterdrückte, zog ich Galotschka an der
anderen Hand durch Frost und Schnee.*

Mit viel Mühe erreichten wir unseren Bestimmungsort. Die Deutschen zeigten mir, wo wir übernachten konnten, gaben uns Bettwäsche und Decken (unsere eigenen waren noch im Gepäck), und wir schliefen durch bis zum nächsten Tag.

In Münsingen blieb ich nicht lange. Nur ein paar Monate. Zum ersten Mal befand ich mich in einer solchen Situation: Ein Militärlager, Russen und Deutsche zusammen. Man schickte mich zur Arbeit ins Russische Gericht. Die Arbeit dort gefiel mir nicht, aber ich konnte nichts machen. In Münsingen lernte ich I. kennen, zusammen mit seiner Mutter, Tochter und Frau".

Die von Mutter genannten Namen der Personen, die im weiteren Verlauf ihrer Geschichte wichtige Rollen spielen, werden - zum persönlichen Schutz der vielleicht noch Lebenden - von mir nur mit ihren Initialen angedeutet. Im nächsten Abschnitt geht Mutter wieder ein auf Politisch-strategisches zwischen Deutschen und Russen (in Deutschland zu der Zeit), deren Details ich hier weglasse.

„Aus dem Lager Linz lief eine schreckliche Auslieferung von Menschen, entweder in den Tod oder ins Konzentrationslager. Verantwortlich dafür waren die Engländer, die ihr Offiziersehrenwort gegeben hatten, dass sie dies nicht tun würden. Als aber die englischen Panzer erschienen, begriffen die Menschen was dies bedeutete, das Ehrenwort des Offiziers ... Sie flüchteten wohin sie nur konnten, verübten Selbstmord, einige versuchten sich in der Kirche zu verstecken, ein Priester kam aus der Kirche heraus mit dem Kreuz in den Händen, und wurde von

*englischen Soldaten erschossen. Die Toten und
die Lebenden wurden auf Lastwagen geworfen
und zu den Sowjets geschickt. Verraten
wurden auch Offiziere, unter ihnen auch
russische (alte Emigranten) Generäle,
(Krasnow und andere), die zu einer "Sitzung"
eingeladen wurden, danach ausgeliefert. Ja,
Galya, das war ein gemeiner Verrat seitens
der Engländer. Aber sie haben dafür bezahlt
und zahlen noch immer. Grossbritannien gibt
es nicht mehr.*

*Kehre zum Unterbrochenen, nach Münsingen
zurück. Die erste Division ging nach Prag, die
zweite folgte, aber nicht nach Prag sondern in
eine andere Stadt (ich vergass den Namen),
vielleicht nach Nürnberg. Wir blieben zurück,
ein kleines Häufchen Menschen. Wir mussten
auch weggehen, aber wohin? Nur dorthin wo
es keine Sowjets gab, so weit wie möglich weg
von ihnen, aber wie konnten wir erraten, wo
das sein könnte? Wir entschlossen uns,
Richtung Salzburg zu gehen. Alle Frauen
wurden auf Lastwagen geladen, darunter die
Oma (Mutter von I.), L. (seine Tochter), N.S.
(seine Frau), du und ich. Ein paar russische
Burschen und 2-3 Deutsche fuhren mit. I. mit
seiner Truppe ging zu Fuss. Der Weg führte
uns über die Alpen ... das war ein wunder-
schöner Weg. Erinnere mich, wie wir bei
einem Häuschen anhielten und liefen
Edelweiss suchen, natürlich fanden wir keine,
aber wir spazierten und erholten uns (der
Front war weit weg und wir hörten keine
Schüsse). Wir hielten öfters an, um auf I. und
seine Leute zu warten. An einem Ort warteten*

wir mehrere Tage, vergeblich, setzten dann unsere Reise fort und kamen in Salzburg an. Dort fanden wir mit Hilfe unserer Burschen Unterkunft in einem Haus, wo alle Russen lebten und wo auch wir ein winzig kleines Zimmerchen bekommen konnten (für vier Frauen und zwei Kinder). Dort lebten wir einfach auf dem Fussboden, denn ausser einem grossen Geschirrschrank gab es keine Möbel. Ich weiss nicht, ob du dich noch erinnerst an diese schwere Zeit, uns vom Schicksal beschert. Zum Glück dauerte sie nicht allzu lange. Die Amerikaner kamen nach Salzburg. Die Sowjets stationierten sich in Wien. Der Krieg endete und Deutschland wurde in vier Zonen verteilt: Französische, Englische, Amerikanische und Sowjetische.

Aus jenem Haus zogen wir in ein anderes, unzerstörtes aber leeres, aber es hatte eine Toiletten und Wasser, das wir sehr nötig hatten, und so konnten wir meine kleine Schüssel gebrauchen, um uns einigermassen zu waschen. Unser Essen kochten wir auf dem Lagerfeuer. Dann begann Oma für die Offiziere zu kochen, ich schrieb irgendwas auf der Schreibmaschine, weiss nicht mehr, für wen. Diese Arbeiten wurden verrichtet im ersten, grossen Haus, auf der dritten Etage. Dieses Haus stand neben dem anderen, in dem wir jetzt wohnten. Während Oma und ich, (bis zur Mittagszeit) arbeiteten, blieben du und L. mit unseren Zimmergenossinnen, Tanya und Zina. Ich weiss nicht mehr, wie wir die Bekanntschaft machten mit einem jungen Mann aus Jugoslawien, er hiess Kolya, an

seinen Familiennamen kann ich mich nicht
erinnern, er war 18 Jahre alt und allein,
arbeitete in der Bäckerei. Er begann uns zu
besuchen, wie wenn wir seine Verwandten
wären, wo seine Eltern geblieben waren
wusste er nicht. Wir teilten unser Essen mit
ihm, er brachte uns Brot, das er vom Bäcker
bekam. Geld bekam niemand, wir alle hatten
nur die Militär-Verpflegung, ich und Galya
hatten noch Lebensmittelkarten. Oma hatte
ihre Karte und die von L. an N.S. gegeben ...
So lebten wir, ich weiss nicht mehr wie viele
Monate lang. Dann wurde L. krank, sie hatte
Anämie und den Beginn von Tuberkulose.
Medikamente hatten wir keine und mussten sie
mit anderen Mitteln heilen. Ich entschloss
mich, sie zum See, 3 km entfernt, zu tragen.
Sie war zu schwach, um auf eigenen Beinen
dorthin zu gehen, also trugen wir sie, Zina und
ich abwechselnd, auf unseren Armen. Dort
badete sie mit dir zusammen im See, ass, was
sie mitbrachten, und allmählich besserte sich
ihre Anämie. Auf dieselbe Weise heilte ich ihre
Tuberkulose. (Für alles Gute das ich getan
habe, wurde mir später mit der übelsten
Undankbarkeit bezahlt, und man hat sogar
dich mit Schmutz übergossen).

Um diese Zeit erschien auch I. in Salzburg und
es gelang ihm, seine Mutter und L. ausfindig
zu machen. Es stellte sich heraus, dass er im
Gefängnis der Amerikaner gesessen hat, und
als er herauskam (alle seine Männer waren
ebenfalls im Gefängnis), fand er heraus, dass
seine Ehe zerrüttet war. Nach einem langen
Gespräch trennten sich seine Frau und er, wie

zwei Schiffe im Meer. Darauffolgend heiratete sie einen Adjutanten von I., 18 Jahre jünger als sie. Und mein Schicksal verband sich mit dem von I. Liebe war es nicht, nur eine freundschaftliche Beziehung. Oma (die Mutter von I.) und seine Tochter L. blieben bei uns. Inzwischen lebten wir schon im Lager Volksgarten, wo I. Subkommandant und ich Dolmetscherin war. Das Lager war nicht gross, ca. hundert Menschen. Später kam dazu N.S. und B.S. (ihr neuer Partner). Sie lebten zusammen, und so verbrachten wir anderthalb bis zwei Jahre.

Das Lager stand unter amerikanischer Kommandantur. Eines Tages, als bekannt wurde, dass eine sowjetische Kommission kommen würde (ihr Ziel war, alle früheren sowjetischen Bürger zu fangen), erfasste mich das volle Entsetzen. Nach Dokumenten war ich die Frau von I. seit 1923, das bedeutete, dass ich mein Geburtsdatum ändern musste weil, als 9-jährige konnte ich nicht geheiratet haben. Ausserdem sprach ich nicht jugoslawisch ...

Die Amerikaner gaben uns die Kartothek aller Bewohner des Lagers für 24 Stunden und sagten, man müsste alles verändern in der Kartei, damit man beweisen konnte, dass vor 1937 all in Gebieten lebten die n i c h t der Sowjetunion angehörten.

Dies obwohl ein Abkommen getroffen war, laut welchem die Amerikaner verpflichtet waren, alle sowjetischen Bürger auszuliefern, die sich ab 1937 auf sowjetischen Territorien

*befanden. Wir arbeiteten den ganzen Tag und
die ganze Nacht, veränderten alles so, dass es
in unserem Lager keinen einzigen sowjetischen
Bürger mehr gab (während sie aber 75% der
Bewohner ausmachten). Am nächsten Morgen
hatte ich keine Ruhe, die Leute kamen zu mir
gerannt und fragten: „Wie ist mein
Familienname, wie heisst die Stadt wo ich
lebte, in welchem Jahr bin ich geboren?"
Ich musste die Daten für jeden auf ein Zettel
schreiben. Heute klingt das komisch, aber
damals war das eine Frage von Leben oder
Tod, alle wollten leben und sich vor den
sowjetischen Henkern retten.*

*Wir gaben den Amerikanern die Kartothek
zurück und warteten auf die Ankunft der
sowjetischen Wichtigtuer, sie erschienen
schlussendlich, fein, nach Mass gekleidet (wie
wenn sie direkt vom Schneider gekommen
wären), aber von ihren Fratzen konnte man
ablesen, dass sie NKWD waren. Alles ist
glimpflich abgelaufen, für uns beide auch, dem
I. verdankten wir unsere Rettung. Unser Lager
war seitdem ein "reines Emigrantenlager".
In anderen Lagern so z.B. im Lager Parsch,
endete nicht alles so gut. Ich erzähle nur
einen Fall, aber es gab davon viele. Ein Mann
wurde ins Zimmer gerufen wo die Sowjets
sassen, um befragt zu werden. Er kam mit
Dokumenten wonach er ein Alt-Emigrant aus
Jugoslawien sein sollte. Der sowjetische
Offizier - sie waren nun alle Offiziere, hiessen
Leutnant, Kapitän, Major, usw. und trugen
breite und lange Epauletten, zweimal grösser
als die der ehemaligen zaristischen Armee!*

(Wegen jener Epauletten haben sie Menschen
ermordet, und jetzt trugen sie selbst solche,
nur viel grössere) Der Offizier also, der diesen
Mann befragte machte gerade eine Pause,
schaute weg, die anderen Offiziere setzten das
Verhör fort, dann drehte sich der erste
plötzlich an den Verhörten, schaute ihm direkt
ins Gesicht und sagte: „Grüss dich, seit wann
bist du alter Emigrant geworden?". Es stellte
sich heraus, dass dieser Mann ein ehemaliger
Untergeordnete in der Truppe dieses
sowjetischen Offiziers gewesen ist. So endete
sein Lied, er wurde sofort mitgenommen.
Wenn die sowjetischen Fahrzeuge ins Lager
fuhren, wurden sie mit beschimpfenden
Schreien und Steinen empfangen. Die
Amerikaner schauten sich dies alles sozusagen
durch die Finger an, und sie beschützten die
Sowjets nicht.

Gott sei Dank, diese schwere Zeit ging vorbei.
Die Sowjets hatten ihre üble Arbeit getan und
verliessen Salzburg. Es schien, als ob wir jetzt
friedlich leben könnten, aber nein ... Neue
Unruhen fingen für uns an, ein neues Nerven-
leiden. Diesmal kam es von Seiten der alten
Emigranten. Sie schrieben denunzierende
Anzeigen. I. wurde verhaftet."

Es folgen Einzelheiten über verschiedene Kommandanten des Lagers, von Mutter beim Namen genannt, die ich hier nur kurz zusammenfasse, ohne ihre Namen zu nennen.

Der amerikanische Kommandant, deutscher Herkunft, E.M., der uns (Mutter, I. und unserer Familie) gut gesinnt war, wurde versetzt. Ein neuer Kommandant kam, der Amerikaner B. Nach seiner Verordnung verloren wir (Oma, L. Mutter und ich) das Recht auf amerikanische

Lebensmittelrationen, Mutter verlor ihre Arbeitstelle, die Lebensmittel, die wir noch im Vorrat hatten, wurden uns weggenommen. (Dies alles wegen eines bösartigen Gerüchts, die irgendein Lagerbewohner gegen uns angezettelt hatte). Wir blieben vorläufig zu viert in einem kleinen Zimmer wohnen. Mutter konnte nicht herausfinden, wohin I. gebracht wurde, sie ging zu E.M., erzählte ihm alles wahrheitsgemäss (vor ihm hielt sie nichts verborgen), und er half uns. Schon nach einigen Tagen teilte man Mutter mit, dass sie ins CIA (Central Intelligence Agency), die Amerikanische Geheimpolizei kommen durfte. Ab hier lasse ich Mutter wieder ans Wort.

„Dort traf ich I. und seinen Ankläger. Dieser war Amerikaner polnischer Herkunft, und ein Antikommunist. Wir hatten ein langes Gespräch und ich erfuhr von ihm, dass es N.S. (die Ex-frau von I.) war, die beim CIA gewesen war, und über I. alles erzählt hatte. Er zeigte mir Fotos von I. und von anderen Russen. Dann gab er mir seine Telefonnummer, für den Fall, dass wir ihn brauchen könnten, riet uns, aus Salzburg wegzufahren, bis alle üblen Nachreden zum Schweigen gekommen waren. Wir folgten seinem Rat und fuhren nach Kaprun. Dort musste I. körperlich sehr schwer arbeiten und ich mich irgendwie durchringen, um fünf Personen zu ernähren. So ging ich 5 km weit, um Gemüse zu kaufen (dort befand sich ein Gemüseladen, wo man Gemüse ohne Karten bekommen konnte), nahm dort was und wieviel herausgegeben wurde, ging auch direkt zu Bauern, um irgend etwas einzutauschen. Auf diese Weise überlebten wir. Später verlies uns Oma. Sie nahm L. mit sich und fuhr nach Salzburg zu L's Mutter, N.S. Ich weiss nicht mehr wie oder durch wen es uns gelang, bald nach Bruckberg

umzusiedeln, in eine Baracke, die zwei Zimmer hatte und einen grossen Raum in der Mitte. In diesem Raum hatte sich eine Firma eingerichtet, sie hiess Prinzhorn, ihr Büro befand sich in Zel am See, der Besitzer, ein Deutscher, kam jeden Tag auf dem Fahrrad. Die Baracke diente als Verpackungslager für die Produkte dieser Firma und ihre Arbeiter waren I., Sascha, (auch ein Russe) und der Deutsche selbst.

Habe vergessen noch ein anderes Erlebnis aus meinem Leben zu erzählen. Eines Tages kamen in einem Auto zwei Amerikaner nach Kaprun, fragten nach mir, kamen in unsere Baracke. Ich wurde einem Verhör unterzogen: Wo kam ich her, wo habe ich früher gearbeitet, und wie gelang ich auf die deutsche Seite? Es war ein Kreuzverhör, abwechselnd auf englisch und auf deutsch, es dauerte zwei Stunden. Am Ende führte es mich zu Tränen, die Fragestellung zielte darauf aus, dass ich angeblich meine Sprachkenntnisse absichtlich dazu erworben hatte, um von den Sowjets in die deutsche Gestapo eingeschmuggelt zu werden, und infolgedessen mussten die Amerikaner mich jetzt in die Sowjetunion schicken. Es war eine schwere Anklage und dazu noch eine ungereimte, lügenhafte. Ich fühlte, dass ich diese Anklage widerlegen musste, aber wie? In diesem Moment holte ein "Amerikaner", der deutsch sprach, irgend etwas aus seinem Aktenkoffer und liess aus Versehen sein persönliches Dokument auf den Boden fallen, das ich rasch lesen konnte. Sein Familienname war ein Polnischer (in Polen sprachen alle gebildete Menschen sowohl deutsch als auch englisch). Dann stellte ich ihm die Frage, ob er auch diese zwei Sprachen studiert hat, um für die CIA zu arbeiten. „Auf dem Boden liegt das Dokument", sagte ich, „aus dem ersichtlich ist, dass Sie ein Pole sind, und kein Amerikaner". Der Pole geriet in Verlegenheit und sagte nichts mehr. Dann wand ich zu dem Amerikaner und bat ihn, mir die Anzeige lesen zu lassen die gegen mich geschrieben wurde, ein einziger Satz wäre genug, damit ich ihm sagen könnte, wer sie geschrieben hat. Der Amerikaner zeigte mir die Anzeige. Ich erkannte die Handschrift von N.S., wie sie meinen Namen geschrieben hat (mit einer serbischen, statt der russischen Endung). Es war mit alles klar, ich sagte: „Diese Denunziation wurde von alten Emigranten aus Serbien geschrieben". Damit war das Verhör beendet, sie setzten mich unter Hausarrest und fuhren weg. Ich gab dem Hausarrest keine Beachtung, ging nach Zell am See, um von dort aus dem ehemaligen Ankläger von I. zu telefonieren. Er befreite mich vom Hausarrest und schloss meine Akte. Jene Anzeige war eine glatte Lüge. Was habe ich diesen alten Emigranten getan? Warum wollten sie mich vernichten? Ich weiss es nicht. Mein ganzes Leben folgte ich Mamas (Bábushkas) Worten: „Vergiss nicht, alle deine guten Taten werden mit Undankbarkeit bezahlt, achte nicht darauf, tue Gutes weiterhin". Viele solche guten Ratschläge hat sie mir gegeben!"

Kapitel 20 (Epilog 1. Teil)

„In Bruckberg angesiedelt, musste ich mich um deine Bildung kümmern. Die Jahre gingen vorbei, man musste dich vorbereiten für die Schule. Den ganzen Sommer übte ich mit dir die deutsche Sprache und im Herbst gingst du in die deutsche Schule. Ich vereinbarte mit deiner Klassenlehrerin, dass sie dir zusätzlich Privatunterricht erteilen, und dich für die Prüfungen vorbereiten würde, so dass du eine Klasse überspringen konntest. Du warst begabt, das Lernen fiel dir leicht und im Herbst 1948 wurdest du in die 2. Klasse des deutschen Gymnasiums versetzt. Du hattest auch in der russischen Schule, im Lager Parsch, die Examen bestanden und hattest ein Abschlusszeugnis für 4 Klassen der russischen Schule ...

(... die ich aber nur kurz besucht hatte! Mein Lernen geschah zum grössten Teil im Privatunterricht, den Mutter irgendwie immer zu organisieren wusste).

Unsere Baracke in Bruckberg stand auf dem ehemaligen Sportflugplatz. Vorne stand ein Gebäude, wo die Amerikaner wohnten. Auf einer Seite sahen wir die Eisenbahnlinie - Salzburg, auf der anderen Seite war eine Schmalspur-Eisenbahn Zell am See - Pinzgau. Ein alter Autobus fuhr zwischen Zell am See und Kaprun. Nach Zell am See war es nicht weit, etwa 3 km.

(Ich erinnere mich, dass ich beim schlechten Wetter mit dem Zug in die Schule fuhr, sonst aber zu Fuss ging).

*An Sonntagen fuhren wir oft nach Zell am See
und von dort mit einem kleinen Boot auf die
andere Seeseite, an dem dortigen Strand, zu
baden. Dort lehrte dich I. schwimmen, und ich
badete zwischen den kleinen Kindern, weil ich
nicht schwimmen konnte".*

Was Mutter nicht wusste war, dass ich schon selbst, notgedrungen, einigermassen schwimmen gelernt hatte, und zwar in Pedu, im dortigen Fluss. Ein anderes Mädchen, ich weiss noch, dass sie Orwi hiess, und ich spielten dort am Ufer und wollten so gerne ins Wasser. Also zogen wir unsere Kleider aus und stiegen in Unterhöschen in die Fluten. Ein gefallener Baum lag wie eine Brücke über den Fluss. Wir kletterten auf seinen Stamm, ich rutschte aus und fiel ins Wasser, wo es tief war. Instinktiv begann ich wie ein Hund zu schwimmen, und rettete mich ans Ufer. Orwi war erschrocken und wir beide mussten uns erst an der Sonne trocknen, bevor wir nach Hause gehen konnten. Nach dieser Erfahrung, war weiteres Schwimmenlernen für mich sicher ein Kinderspiel ...

*„Für unseren Ausflug an den Strand nahmen
wir unser Essen mit, was genau, weiss ich
nicht mehr, nur dass wir Fleisch einmal in der
Woche assen, bekamen es auf Karten, ein
halbes Kilo. Ich kaufte es immer an Samstagen
und kochte für den Sonntag einen Gulasch.
Kartoffeln hatten wir genug. Auf dem Feld,
neben unserer Baracke, suchten wir
Sauerampfer, vor der Baracke hatten wir Dill
gepflanzt (Dill ist in der russischen Küche ein
sehr viel gebrauchtes Gewürz) und auf den
benachbarten Hügeln sammelten wir Beeren
und Pilze. Zucker und Fette musste ich in
Salzburg holen, bei den Juden in ihrem Lager,
sie bekamen Pakete aus den Vereinigten
Staaten und hatten absolut alles. Für diese*

Einkäufe gab ich mein Geld aus welches ich für das Gold bekam, das ich verkaufte. Du hast mich einmal nach den Ohrringen gefragt, die Bábuschka für dich bewahrt hatte, und nahmst es mir übel, dass ich diese für dich nicht bewahrt hatte. Ich konnte es nicht. Die Gesundheit zu erhalten war in jenen Zeiten das Allerwichtigste. Ich wollte dich vor Tuberkulose schützen und deswegen verkaufte ich alles und versuchte, nach meinen Möglichkeiten, uns alle zu retten.

Im Winter gingst du skifahren auf dieselben Berghänge, die uns im Sommer ernährten. Auf Skiern gingen du oder ich zu einem deutschen Bauer Milch holen. Er gab uns jeden zweiten Tag einen Liter Milch, das war auch eine Unterstützung. Auf diese Weise bewältigten wir unsere Lage, Tag um Tag. Und wie oft sassen wir vor unserer Baracke und sagten, dass vielleicht später, nachdem wir nach Übersee ausgewandert sind, wir uns an diese Baracke erinnern werden und so war es auch, ganz besonders am Anfang, nach unserer Ankunft in Brasilien.

Wir hatten gehört, dass man in Salzburg begonnen hatte, Emigranten zu versammeln. Wir fuhren hin, um uns zu erkundigen, und erfuhren, dass Auswanderungswillige nach Übersee auf Listen von verschiedenen Ländern aufgenommen werden konnten. So zogen wir auch um nach Salzburg (erinnere mich nicht mehr an den Namen des Lagers), wo wir mit Hilfe eines Bekannten von I. aus Serbien, eine Unterkunft bekamen. Zu dem Zeitpunkt war es sehr schwierig, in ein Lager aufgenommen zu

werden. Von dort ging ich in die Lener-
kaserne, wo das Eintragen auf die Listen
geschah, und begegnete dort N.S., die mir ihre
Arbeitstelle anbot. Sie arbeitete in der Kaserne
und sollte bald auswandern (zusammen mit
Oma, L., ihrem neuen Partner, und noch
jemandem aus Serbien). Ich entschied mich
dafür, und nahm ihren Platz ein. Am liebsten
wäre ich nach Kanada ausgewandert ... In die
USA, nach Chile oder Equador wollte ich
nicht, also wurde es Brasilien. Ich wusste, dass
das tropische Klima für mich nicht das beste
war, ich war in einem anderen Klima geboren
und war die Hitze nicht gewohnt. Nichts-
destoweniger war ich einverstanden, nach
Brasilien zu fahren. Wir fuhren aus Salzburg
zuerst nach Bremen, Deutschland, und von
dort per Schiff nach Brasilien. Am 1. Oktober
1948.

Ich glaube, dass du unser Leben in Brasilien
gut kennst, ich werde dir nicht alle
Schwierigkeiten unserer ersten Jahre dort
beschreiben, und auch später war es für uns
nicht leicht. An diesem Punkt beende ich meine
Schreibarbeit.

Deine Mama. Sao Paulo, Februar-März 1981
P.S.(Du kannst jetzt verstehen, warum ich
nervös bin und ein Herzleiden habe)".

Mutter starb im Jahre 1982 in São Paulo, Brasilien. Ihren richtigen
Mädchennamen hat sie mir nie bekannt gegeben. So weiss ich bis
heute nichts über die Familie von der ich abstamme. Nur einen
Vornamen hat sie einmal erwähnt. Man nannte sie Irayda ...

Zum Gedächtnis an Mutter

*In Schicksals Händen hast Du gelebt, noch lange
Jahre an dem gewebt, was nur im Bilderbuch der
alten Zeit für Dich erhalten blieb ...*

*Du warst bereit, als Deine Stunde kam, aus dieser
Welt zurück zu gehen ... Dorthin, wo neuer Anfang
sich wieder formt.*

*Den Übergang hast Du geschafft! Die Grenze hast
Du überschritten. „Nachhause", sagtest Du zum
Schluss, wolltest Du gehn ...*

*Keiner verstand Dich. Was meintest Du?
„Zuhause" war nicht jenes Haus in dem Du lebtest
die letzten Jahre.*

*„Zuhause" war der Ort woher wir alle kommen,
und auch wohin zurück wir kehren. Wenn fertig ist
das Lebenswerk...*

*Du hast Dein Lebenswerk vollbracht. Du gingst,
als Deine Stunde kam, bewusst und ruhig von uns
weg.*

*Nun bleibt mir meine Arbeit übrig. Sie ist noch
lange nicht vollbracht. Die Liebe suchen im eignen
Herzen, und nicht „dort draussen" ...*

*Diesen Impuls hast Du gegeben. Ich glaub, dass
dies es ist was uns zu Menschen macht.*

Was bleibt, wenn einem Menschen alles,
sogar der eigene Name weggenommen wird?
Wenn Familienbande und geschichtliche
Zusammenhänge zerschnitten werden und man
nicht mehr weiss wo sie alle geblieben sind,
die Menschen die man geliebt hat ...
Und die man noch immer liebt! Denn die
Liebe vergeht nicht. Wenn es sie wahrhaft
gegeben hat. Kein Feind kann sie zerstören.

Was bleibt, wenn nur alte, vergilbte Fotos
ein stummes Zeugnis ablegen, dass es die
Menschen gegeben hat, auch wenn man ihre
Namen nicht mehr kennt ...

Es bleibt etwas Unzerstörbares, das wahrhaft
Menschliche. Wenn es ihn gegeben hat. Etwas,
das eine unsichtbare Brücke geschlagen hat
von hier nach dort, und von Mensch zu
Mensch. Eine Brücke über Minen- und andere
Felder ... Etwas, das eine Spur hinterlassen
hat im Eis und Schnee und in der von Bomben
aufgerissenen Erde. Etwas, das auf den
Trümmern der einst so stolzen Städte ein
Zeichen hinterlassen hat. Etwas, das dem
Wind Worte ins Ohr geflüstert, und ein
Farbenspiel auf die Wolken projiziert hat ...

Was bleibt ist das Ewige, das Unsagbare,
das viel Besungene und in seiner Essenz noch
kaum Verstandene (weil es intellektuell auch
nicht zu erfassen ist). Dasjenige dem der Tod
kein Ende setzt weil keine Kraft sie vernichten
kann: die menschliche Seele und die Liebe.

Nachwort

Dem Schreiben dieses Buches sind viele Schwierigkeiten vorangegangen. Die ersten waren rein persönlicher Natur. Sollte ich, durfte ich dieses Material der Öffentlichkeit preisgeben? Und dann auch noch *gespickt* mit verschiedenartigen, manchmal sehr intimen Überlegungen, die man normalerweise für sich selbst behält oder nur mit guten Freunden austauscht ... Die nächste Schwierigkeit war das Einordnen des Manuskripts in eine literarische Gattung. Meine erste Lektorin schrieb:

Es gibt zwei Arten von Lesern (auch mehr). Der Romanleser möchte eine Handlung erleben. Der Sachbuchleser interessiert sich für das andere ... Jeder der Beiden könnte sich beim lesen gestört fühlen, weil er bedingt immer wieder warten muss, bis es weitergeht ... Deine Geschichte ist viel zu spannend ...

Recht hat sie, sicherlich. Dennoch, beim Verfassen meiner Geschichte und reflektierend über die Enthüllungen meiner Mutter, gebe ich mich selbst nun einmal so wie ich bin, und erinnere mich gleichzeitig an wie ich war. Und es gehört nun einmal zu mir über Ereignisse die mich trafen, oder die ich bei anderen wahrnahm, nachzudenken, meine Schlüsse daraus zu ziehen, darunter zu leiden, mich zu freuen, kurzum, seelisch anwesend zu sein. Was nicht immer leicht ist. Was ich heute bin und wie ich denke hat sich bei mir aus dieser Gesinnung entwickelt. Diese gehört in meine Geschichte hinein. Ich könnte es nicht weglassen ohne mir selbst untreu zu werden. So schrieb ich meiner Lektorin nach längeren Überlegungen zurück:

Ich erhoffe mir von meinen Lesern eine gute Portion Aufmerksamkeit, auch für das zwischendurch Eingefügte. Ich würde sehr ungerne (nein, ich würde es überhaupt nicht tun!) die Stoffe die ich bearbeite, nur als eine spannende Geschichte, bei dem der Leser ohne Unterbrechung von einem Ereignis zum anderen eilen kann, verkaufen. Ein Roman ja (so darf meine Geschichte genannt werden, auch wenn sie sich nicht ganz nahtlos mit diesem Genre verbindet, aber ein solcher der hoffentlich den Leser auch hie und da zum Nachsinnen stimmt.

So musste und wollte ich, ähnlich wie Frank Sinatra in seinem berühmten song singt: *I did it my way*, auch *my way* tun. Dabei weiss ich natürlich, dass ich diejenigen enttäuschen werde, die *nur* eine spannende Geschichte in meinem Buch finden wollen.

Die dritte Schwierigkeit meldete sich, nicht ganz unerwartet, beim Suchen nach einem Verleger für dieses Buch. Es passte (natürlich nicht!) in ihr Programm. Dies, obwohl einige sich sehr positiv darüber geäussert hatten.

Zwischen Juni 1998 an dem das Manuskript fertig geschrieben war und dem heutigen Datum an dem es im Selbstverlag *Red Nose Publishing* herausgegeben wird, sind drei-und-halb Besinnungsjahre vergangen.

Ein Buch zu schreiben, worin das Wesentliche zwischen den Zeilen und Seiten für mich verborgen liegt ... Ein Buch, das ich zur gleichen Zeit schreibe und lese ... Ein Buch bei dem ich mich nicht durch die kommerziellen Interessen auf dem Büchermarkt oder die gängigen Trends beeinflussen lasse .... Ein Buch, bei dessen Gestaltung ich mich frei fühlen darf ... Ja! Jetzt ist es geschrieben und ich bin gespannt auf ein Echo von Menschen die meine Geschichte lesen würden. Sollte ich in dem was ich zu vermitteln versuche, verstanden werden, bin ich froh. Wenn nicht, es sei so.

Meine Kontaktadresse lautet: C.P. 402, CH-1997 Haute-Nendaz, Tel/Fax: +41 (0)27 288 61 44, e-mail: galina@rednose-enterprise.com

Im 2. Teil der Trilogie:

Kurze Inhaltsübersicht

Emigration nach Südamerika. Die Grosstadt São Paulo in Brasilien. Der neue Lebensaufbau. Die neue Welt, Kultur, Mentalität. Am Anfang die bittere Armut. Harter Kampf um die Existenz. Erster Beruf: Sekretärin. Arbeit in grossen Betrieben. Rascher Aufstieg im Land der (damaligen) unbegrenzten Möglichkeiten. Trotzdem, das heftige Verlangen zurück nach Europa. Die Lebensfreude der Brasilianer. Die Wahrnehmung, im direkten Umfeld, wie Geld und Besitz den menschlichen Geist abstumpft, die Menschen, (auch die alten Freunde), innerlich ärmer werden lässt. Heirat, Kinder. Die ersten Eheschwierigkeiten und die erste Identitätskrise. Suche nach dem tieferen Sinn des Lebens. Die eigentliche Berufung? Die ersten künstlerischen Versuche.

Nach 18 Jahren Grosstadtleben, 2-jähriger Aufenthalt in Deutschland. Nach zweiundzwanzig Jahren Brasilien definitive Rückkehr nach Europa. Leben in Deutschland, Holland. Studium der Kunsttherapie. Sechsehnjähriger Aufenthalt in Holland und Beginn einer neuen Berufsphase. Scheidung. Neue Partnerschaft. Neuer Beruf und die daraus sich ergebende Erfahrungen. Reise nach Indien. Eine besondere menschliche Begegnung. Der Tod der Mutter, und seitdem eine neue Sicht auf das Leben und die Liebe.

Das Thema *Auf der Suche nach dem Menschlichen („In search of the human")* wird zum Hauptmotiv für Leben und Werk. Lyrische Phase. Umzug in die Schweiz.

Im 3. Teil der Trilogie:

Kurze Inhaltsübersicht

Wieder ein Neubeginn, ein neues Land, Kultur, Mentalität. Mühsame Arbeit an der zweiten Beziehung. Verschiedene Krisen und ihre Bewältigung. Neue Berufung: Erwachsenenbildnerin, durch die Kunst, für Leben und Werk. Das Verlassen strikt therapeutischen Pfades, zugunsten der Bildungsarbeit an der eigenen Persönlichkeit. Durch die Kunst. Sich selbst eingestehen, dass ich Künstlerin bin. Nach selbst erforschten künstlerischen Erkenntnissen und Prinzipien das Leben meistern lernen.

Nach beinahe zehn Jahren Leben und Werk in der Schweiz, Erkrankung. Ein Gehirntumor. Operation. Danach wie eine Neugeburt. Seelische Katharsis und die daraus gewonnenen, tief in das Leben hier und jetzt eingreifenden Erkenntnisse. Die Geschichte eines Beinah-Sterbens-und-Wiedergeborenen-Prozesses.

Die Kunst als Weg und Mittel, um sich selbst und das Leben zu erneuern. (Für diesen Abschnitt sind als Möglichkeit Illustrationen vorgesehen: Farbphotos einer Serie von elf Bildern, mit dazu gehörenden Erläuterungen zu ihrem Entstehungsprozess). Die daraus gewonnenen Einsichten in die *Gesetzmässigkeiten* in meinem Werdegang.

Zurück zum Anfang. Was verdanke ich meiner russischen Herkunft, den schweren Kriegs- und Nachkriegsjahren, dem Opfer das meine Grosseltern und meine Mutter gebracht haben, und mit ihnen so viele anderen (bewusst oder unbewusst)? Welche Aufgaben erwachsen mir daraus, und wie kann ich, dadurch dass ich sie ergreife, einen neuen, vielleicht den wesentlichsten Weg für den Rest meines Lebens, und meine eigentliche Berufung finden?

Die blaue Rose

Gedichte und Gedankenbilder

144 Seiten, mit schwarz-weiss Photos der Bilder von der Autorin.

Die blaue Rose ist ein Bild für etwas, das es in der Natur nicht gibt. Und das dennoch besteht. Irgendwo. Wo es weder Raum noch Zeit, wie wir sie kennen, gibt... Es ist das Bild für Sehnsucht ...

Blau ist die dunkelste Farbe des Spektrums. Weiss ist das Licht. Zwei Pole einer Wirklichkeit, in die ich als Mensch hineingestellt bin. Dazwischen ist das Leben. Und die Liebe. Und auch die Liebe besteht nicht ohne Sehnsucht ...

In einem Gedicht kann ich zum Ausdruck bringen, was sich normalerweise kaum sagen lässt oder nicht so direkt.

Das Buch ist eine Jubiläumsausgabe, erschienen Dezember 1999, unter ISBN-Nr. 3-908678-09-9 im Verlag Uster Info.
Von dieser Ausgabe sind noch wenige Exemplare erhältlich. Der Preis inkl. Porto beträgt Sfr. 25.- Bestellungen per Tel/Fax: +41 (0)27-288 61 44 oder per e-mail: info@rednose-enterprise.com

Die blaue Rose: Eine Leseprobe

die blaue rose am morgenrand
lädt ein zur reise ins ferne land
wo dornen blühen und tun nicht weh ...
mein kopf sagt: geh nicht
mein herz sagt: geh!
entdeck die ferne, wo rosen blühn
wo wälder jauchzen, wo berge glühn
wo sonnenschein fliesst durch die seel'
verstand sagt nüchtern
bleib hier und wähl
das sich're leben
der freunde kreis
das wetter weder kalt noch heiss
du hast hier alles
was willst du mehr?

die blaue rose die lieb ich sehr ...

Aus der Involution zur Evolution

Involution - ein Zustand an dem wir uns in uns selbst *einwickeln* oder uns *abschliessen*, den Kontakt mit unseren Mitmenschen und der Welt verlieren – ist ein Punkt an dem für uns der mögliche Aufstieg und der Ausstieg aus den uns angelehrten Denk- und Lebensmustern beginnen kann.. Am tiefsten Punkt der *Involution* angelangt bricht für uns die Zeit an, um den inzwischen verlorenen Raum zu erobern. Probleme die uns *überfallen* sind eine Konsequenz von verpassten Chancen, unseren Lebensraum zu erweitern, bzw. zu erneuern. Probleme, die uns konfrontieren, kommen nicht aus der blauen Luft angeflogen. Sie sind auch nicht ohne weiteres auf Verschulden von anderen zurückzuführen. Obwohl wir sehr geneigt sind, dafür den anderen die Schuld zu geben .

Und Wandlung mancher tief verwurzelten
Gewohnheiten und Denkmustern bedeutet nur, dass sie
für eine bestimmte Epoche gut und nützlich waren, für
die nächste aber eher hinderlich sind.

Galina Ashley

Aus dem Bauch ...

heiter-ernsthafte
philosophische
unlogisch-logische
humoristische
meditative
wahre und
phantastische

GESCHICHTEN

Warum schreibe ich Geschichten? Weil mein Leben und das Leben
von uns allen, wie es mir scheint, eine endlose Geschichte ist, und
wenn ich selbst Geschichten schreibe, verstehe ich es jedesmal ein
bischen mehr ...

Das Buch von 92 Seiten enthält 24 Kurzgeschichten. Vorbestellung ab sofort per Tel/Fax: +41 (0)27-288 61 44 oder per e-mail: info@rednose-enterprise.com zum Preis von CHF 20,-, EURO 13,- plus Porto. Erscheint in der ersten Jahreshälfte 2002. Unter ISBN-Nr. 3-0344-0041-1 im Buchhandel.

Galina Ashley

The Art of

Life-Management

as a Process

Book One

soon to be followed by

Book Two

A book on the subject of Managing Life writes itself, so to speak. Mental pictures organise themselves into a story, a story in which events, impressions, memories and thoughts start connecting themselves, revealing a story behind the story ... a red thread leading further and further ....

**This is the first publication in English, under the name of Red Nose Publishing, in 1999. 188 pages. Special Introductory Price: CHF 20,- or Euro 13,-
Orders under ISBN 3-89811-773-1 in bookshops,
or directly from the publishers: Tel/Fax +41- (0)27-288 61 44 or per e-mail:
info@rednose-enterprise.com**

Galina Ashley

The Little Mermaid

Forthcoming **Red Nose** Publication, in English

A Mystery Tale

in verse and prose

based on a story by H. Chr. Andersen

Where the sea is so deep that no sunshine ever reaches its mysterious grounds, lived the Mermaid Princess in her Castle, which no human until now has found...

Mermaids have long lives, their existence spans three hundred years. After then, their bodies dissolve into foam-flakes, their souls aren't immortal like man's ...

The story of the Little Mermaid starts with her longing to become human. What this implies is portrayed in the stages of her journey, responding to the Call ... being Between the two worlds ... making a Decision ... enlisting the help of Magic ... taking Risks ... suffering Disappointment ... being offered Rescue ... and being subjected to the final Trial ... Will she withstand it? Will she find The Key ...?

This may be our story too. Will we find our Keys ...?

Inhalt